北京文化创意产业功能区发展报告
（2015）

北京市国有文化资产监督管理办公室　编著

中国经济出版社
CHINA ECONOMIC PUBLISHING HOUSE
·北 京·

图书在版编目（CIP）数据

北京文化创意产业功能区发展报告. 2015 / 北京市国有文化资产监督管理办公室编著. 北京：中国经济出版社，2016. 8

ISBN 978 - 7 - 5136 - 4362 - 7

Ⅰ. ①北… Ⅱ. ①北… Ⅲ. ①文化产业—产业发展—研究报告—北京—2015 Ⅳ. ①G127. 1

中国版本图书馆 CIP 数据核字（2016）第 205921 号

责任编辑 严 莉
责任审读 贺 静
责任印制 马小宾
封面设计 任燕飞

出版发行 中国经济出版社
印 刷 者 北京力信诚印刷有限公司
经 销 者 各地新华书店
开　　本 710mm × 1000mm 1/16
印　　张 12. 75
字　　数 175 千字
版　　次 2016 年 8 月第 1 版
印　　次 2016 年 8 月第 1 次
定　　价 48. 00 元
广告经营许可证 京西工商广字第 8179 号

中国经济出版社 **网址** www. economyph. com **社址** 北京市西城区百万庄北街 3 号 **邮编** 100037

本版图书如存在印装质量问题，请与本社发行中心联系调换（联系电话：010 - 68330607）

《北京文化创意产业功能区发展报告（2015）》
编委会

Preface ▸ 前 言

《北京市文化创意产业功能区建设发展规划（2014—2020 年）》（以下简称《规划》）发布以来，全市紧紧围绕建设“政治中心、文化中心、国际交往中心、科技创新中心”的功能定位，把握文化创意产业不同区域、不同行业发展特点，积极推进文化创意产业资源优化整合，加快非首都功能疏解，着力打造分工合理、重点突出、各具特色的文化创意产业空间布局。经过两年多的建设，北京市文化创意产业功能区（以下简称“功能区”）的发展优势得到巩固提升，“两条主线带动、七大板块支撑”的功能区产业支撑体系得以持续深化发展，功能区已经成为北京市文化创意产业规模化、集约化、协同化发展的重要平台，产生了巨大的社会效益和经济效益。

功能区建设是一项持续性、系统性、创新性的工作。为全面跟踪和掌握全市 20 个功能区建设进展与发展现状，科学指导功能区建设各项工作，北京市国有文化资产监督管理办公室（以下简称“市文资办”）建立了功能区年度报告研究与发布机制。2015 年 6 月，《北京文化创意产业功能区发展报告（2014）》正式出版，对各功能区的规划建设进展、发展成效、推进路径等进行了全面分析，在推动规划落实、管理创新、政策制定等方面研究提出了具体思路和措施。

《北京文化创意产业功能区发展报告（2015）》主要对 2015 年功能区的发展情况进行跟踪分析，动态展示功能区建设进展，着重探索功能区建设具体要怎么做的问题。报告对制约功能区建设发展的重大问题进行专题解析，更加注重《规划》落实过程中与国家及本市“十二五”时期发展规划的衔接并轨，更加注重在推进供给侧结构性改革大背景下对功能区建设路径的探索研究。

本报告分为四个部分，共计二十二章。第一部分为“总体运行篇”，综述了功能区年度建设总体情况，分析了功能区2015年度的文化创意产业法人单位、从业人员和营业收入情况。第二部分为“建设进展篇”，根据《规划》确定的两条主线、七大板块，逐一对各主线、板块2015年度的文化创意产业发展情况、建设进程、重点项目、发展举措等进行系统梳理。第三部分为“专题分析篇”，选取了当前制约功能区建设发展最突出、最紧迫的六个方面内容，按照诊断问题、分析问题、解决问题的思路，进行专题研究。第四部分为“发展谋划篇”，紧紧围绕国家和全市“十三五”时期重大战略部署，结合全国文化中心建设、非首都功能疏解等具体任务，结合文化创意产业自身发展规律，就功能区下一步的建设发展提出了相应对策建议。

“十三五”时期是国家实施“四个全面”战略布局、北京落实“四个中心”城市新定位的攻坚期和关键期。深入贯彻落实习近平总书记系列重要讲话和对北京工作的重要指示精神，主动把握和积极适应经济发展新常态，大力实施京津冀协同发展战略，有序疏解非首都功能，对全市功能区建设提出了更高要求。功能区建设应牢固树立和贯彻落实五大发展理念，以供给侧结构性改革为主线，以提高发展质量和效益为中心，以协同发展为引领，不断扩大先进文化供给，满足文化消费需求，与时俱进，动态调整，使功能区成为带动产业转型的示范、服务首都居民的窗口、展示人文北京的舞台、建设宜居城市的样板，为北京全面建设国际一流的和谐宜居之都做出贡献。

本报告编写得到了市委宣传部、市科委、市文化局、市新闻出版广电局、市统计局、各区委宣传部、各区文促中心、各功能区运营管理部门等单位和专家的大力支持协助，在此一并表示感谢。

编者

二〇一六年八月

Contents ▸ 目 录

第一部分　总体运行篇

第二部分　建设进展篇

第三部分　专题分析篇

第四部分　发展谋划篇

北京文化创意产业功能区发展报告
（2015）

第一部分　总体运行篇

2015 年是功能区建设全面推进之年。按照《规划》总体部署，在市区两级相关部门统筹指导下，功能区紧扣非首都功能疏解和业态融合创新发展主题，深入推进两条主线、七大板块建设，文化创意产业经济效益和品牌影响力持续提升，功能区作为全市文化创意产业发展主阵地的地位更加凸显，为“十三五”时期进一步巩固提升文化创意产业地位、加快全国文化中心建设奠定了良好基础。

第一章 功能区发展综述

作为全国首个省级文化创意产业空间布局规划，《规划》明确提出了在市级文化创意产业集聚区和国家级产业基地（园区）的发展基础上，完善“两大主线带动，七大板块支撑”的产业支撑体系，建设20个功能区，整合分散资源、优化空间布局、促进分工协作，引导各区文化创意产业特色化、差异化和集群化发展。2015年，功能区建设发展迈上新台阶，产业集聚、业态融合、创新创业、疏解提升、品牌塑造和产城融合等六大特征凸显。

一、功能区成为文化创意产业主阵地

据市统计局统计，近两年来，20个功能区营业收入总额持续提高，其中规模以上文化创意产业法人单位①营业收入（以下简称“功能区营业收入”）超过百亿元和千亿元的功能区数量持续增加，发展质量持续提升，城六区文化创意产业集聚程度进一步增强，对全市文化创意产业发展起到重要的引领和带动作用，有力促进了新常态下首都产业结构调整与转型升级。

（一）功能区产业集聚能力持续增强

规划建设功能区的目的是为了引导不同领域、不同业态、不同环节和不同阶段的文化创意企业向适合自身发展的功能区集中，实现产业的集

① 规模以上文化创意产业法人单位的统计范围包括营业收入1000万元及以上的文化创意产业法人单位或年末从业人员50人及以上的服务业文化创意产业法人单位。

聚、集群发展。据市统计局统计，2015 年全市规模以上文化创意产业法人单位营业收入为 11338.9 亿元，同比增长 7.8%；20 个功能区营业收入总额达到 9053.84 亿元，同比增长 10.97%，增速高于全市 3.17 个百分点，功能区营业收入占全市文化创意产业营业收入比重达到 79.85%，比 2014 年提高了 1.16 个百分点。

总体来看，功能区以仅占全市总面积 2.5% 的土地，集聚了全市近 70% 的文化创意法人单位，贡献了全市近 80% 的文化创意产业营业收入，二者均实现显著提升。这表明在全市规划引导和统筹发展下，文化创意产业向功能区内集聚发展态势已经显现，功能区在全市文化创意产业发展中的主阵地作用进一步增强。

（二）功能区要素集聚能力显著提高

人才是文化创意产业发展的核心要素，引进和培养文化创意人才是功能区提升产业竞争力的重要抓手。据市统计局统计，2015 年功能区规模以上文化创意产业法人单位从业人员（以下简称“功能区从业人员”）为 80.61 万人，同比增长 4%，增速高于全市平均水平 3.3 个百分点；功能区从业人员占全市总数的 76.82%，比 2014 年提高 2.35 个百分点，功能区集聚文化创意人才资源的能力进一步增强。

文化金融是文化创意产业发展的重要动力，完善投融资体系是提升功能区经营服务水平的重要标志。为解决文化创意企业融资瓶颈，各功能区积极创新构建文化投融资服务体系。其中，石景山区成立了首家“文创银行”——杭州银行石景山文创支行，通过创新期权贷款、股权质押贷款、订单贷等融资产品和服务，利用投融一站通等新型金融模式为多家文化创意企业提供融资服务；CBD—定福庄国际传媒产业走廊功能区依托国家文化产业创新实验区建设，与北京银行合作创新推出“文创普惠贷”；中央新影集团设立纪录电影基金，与平安财产保险启动“完片保险”合作，为电影产业发展提供了一个更为健康的全过程金融保障服务。文化金融模式的创新，有力推动了功能区文化创意产业的快速发展，2015 年文化金融融合功能区、CBD—定福庄国际传媒产业走廊功能区、影视产业功能区和新媒体产业功能区营业收入分别同比增长 15.2%、12.8%、16.7% 和 57.4%，文化金融要素的集聚和带动作用全面显现。

（三）功能区在城六区内产业集中度稳步提升

据市统计局统计，2015 年营业收入超过 500 亿元的功能区有 4 个，分别是文化科技融合示范功能区、CBD—定福庄国际传媒产业走廊功能区、动漫网游及数字内容功能区和文化金融融合功能区，全部集中在东城、西城、朝阳、海淀、丰台、石景山等城六区内。

其中文化科技融合示范功能区和 CBD—定福庄国际传媒产业走廊功能区，营业收入规模优势明显，在全市功能区中具有举足轻重的地位。2015 年，分布于海淀区和石景山区的文化科技融合示范功能区营业收入达到 4877.73 亿元，同比增长 13.74%；分布于朝阳区的 CBD—定福庄国际传媒产业走廊功能区营业收入达到 1127.08 亿元，同比增长 12.88%；两个功能区营业收入之和占全部功能区营业收入的比重达到 66.32%，比 2014 年提高了 1.52 个百分点，“西有文化科技中关村、东有国际传媒定福庄”的发展格局更加巩固。

二、功能区成为产业融合业态承载区

近两年，功能区积极落实国家《关于推进文化创意和设计服务与相关产业融合发展的若干意见》（国发〔2014〕10 号）、《关于积极推进“互联网 +”行动的指导意见》（国发〔2015〕40 号）和本市《关于推进文化创意和设计服务与相关产业融合发展行动计划》（京政发〔2015〕20 号）等政策文件精神，文化与金融、文化与科技、互联网 + 文化等产业融合发展新业态不断涌现，成为引领全市产业创新升级的重要承载地。

（一）文化科技与文化金融是功能区产业融合的两大支撑

文化创意和设计服务是产业发展提质增效的内在源泉。文化创意和设计服务与相关产业融合发展，是首都经济稳增长、调结构、转方式、促发展的新动力和新引擎。功能区规划建设充分体现了北京市金融业、高新技术产业与文化创意产业多维融合发展的特点，在文化与科技、文化与金融融合发展方面进行了统筹部署。据市统计局统计，2015 年文化科技和文化金融两类融合业态的功能区营业收入占全部功能区营业收入的 66.67%，对功能区文化与相关业态的融合发展起到了趋势引领作用。从融合业态功能区的土地产出效率来看，2015 年融合业态功能区单位土地面积营业收入达 36.22 亿元/平方公里，是功能区平均水平的 1.80 倍，融合业态功能区土地产出效率优势显著，为功能区产业升级提供了方向指引。

（二）加强产业链纵横延伸成为功能区产业融合新模式

功能区依托主导产业，向文化内容创作设计、数字化内容制作以及文化传播、文化展示、文化体验等产业链上下游延伸，已经打造出融合新业态和创新产业生态系统的新模式。奥林匹克公园文化体育（会展）融合功能区不断优化空间布局，推动广告会展、休闲娱乐等行业持续向上下游多业态融合发展方向迈进，现已基本形成了集文化、体育、旅游、会展、商务、演艺于一体的综合性产业集群。影视产业功能区的中央新影集团厂区以纪录片、科教片等制作为契机，探索发展影视科研评估、影视传播教育等融合业态，取得良好成效。出版发行功能区的北京国家数字出版基地，通过建设数字化出版园区，加快向数字内容相关产业链延伸，推动出版行业转型升级。音乐产业功能区的九棵树周边区域以音乐人才大量集聚为依托，加快推动不同背景、不同学科人才的相互交融，催生了新的音乐服务产业形态。北京老字号品牌文化推广功能区大力推动传统商业和文化体验、文化旅游的融合发展，使老字号焕发新活力。

（三）“互联网 + 文化”催生了功能区跨界融合新业态

在“互联网 +”政策引导和市场需求推动下，各功能区积极探索“互联网 + 文化”融合发展模式，催生了一批跨界融合的文化创意新业态。各功能区利用互联网技术，努力消除行业壁垒，强化文化创意产业的跨领域、跨平台发展，打通了文化创意领域的资金提供、内容制作、团队参与、宣传推广、发行销售、衍生品开发等产业链条，使功能区进入跨界发展新阶段。2015 年，文化科技融合示范功能区建成中关村互联网文化创意产业园（一期）并投入运营，大力发展以互联网为依托的文化新业态；北京老字号品牌文化推广功能区组建老字号"互联网应用专委会"，积极发展文化电子商务，创新体验性较强的经营环境与线上线下同步营销的经营方式，打造功能区传统文化创意产业数字化、现代化发展新模式。

三、功能区成为"双创"发展新乐土

开放的创新系统是功能区发展的活力源泉。自 2014 年 9 月，国家提出"大众创业、万众创新"（以下简称"双创"）的号召以来，"双创"在文化创意领域热浪迭起、如火如荼。功能区通过建立创业园、创业营和创业引导基金等形式，为"双创"发展搭平台、聚资金、汇人才，已经成为全市文化创意产业"双创"发展的新乐土。

（一）功能区提供"双创"孵化平台

建立孵化平台是推动"双创"发展的基础。各功能区积极响应国家"双创"战略，建成了一批文化科技孵化器，培育了一批创新创业型项目，完善了文化创意产业链条，为功能区发展提供了新动力。在文化科技融合领域，动漫网游及数字内容功能区着力打造了北京孚萌科技孵化器有限公司和北京创业公社投资发展有限公司两大孵化器品牌，实施了"创新创业石景山启航工程"计划，新建了蒲公英国际青年创业驿站、瀚海孵化器等孵化平台。在新媒体产业领域，国家新媒体产业基地 2015 年成功建成了"创 e 咖啡"众创空间和以"新媒体公共技术服务平台"为主体的创业孵化服务体系，聚集 21 家专业孵化器，形成了总面积近 80 万平方米的孵化器集群，成功引进了 262 家文化创意企业。在创意设计领域，创意设计服务功能区内的北京 DRC 工业设计创意产业基地，依托材料、渲染、CNC

手板加工、快速印刷、静态摄影、逆向工程和快速成型等多个中心，重点开展以DRC创億梦工厂为核心的创新创业孵化服务，为入驻创业企业提供技术咨询与创意创新服务。在文化体育领域，奥林匹克公园文化体育（会展）融合功能区建设了鸟巢文化中心，旨在完善体育场馆运营机制、增强大型体育场复合经营能力，提供体育经济的一站式服务，并以众筹方式建立了“亮中国”创客孵化平台，以特有的“火炬导师”模式汇聚了国内外各界领军人物，为企业提供完善的创业指导、模式点评、投融资对接等专业服务，打造文化体育经济孵化器。这些功能区“双创”孵化平台的快速发展，持续不断地为文化创意领域的创业者提供资金、技术、创业指导等方面支持，提升了功能区文化创意产业的发展活力。

（二）功能区拓宽“双创”融资渠道

与其他产业相比，文化创意产业具有轻资产的特点，在创新创业过程中更加需要资本支持和金融创新。各功能区在“双创”平台建设中，注重吸引众多优质的金融机构入驻，为“双创”活动提供完善的投融资服务。目前，大部分功能区均有一批已建、在建或者计划建立的文化创意产业投资引导基金，引进了一批文化金融相关机构和项目。其中，东城区设立了人才创新创业引导基金，为文化创意创业人才提供专项资金保障；DRC创億梦工厂采取“天使投资基金＋股权投资基金＋担保”的模式，与瞪羚基金、中科招商、优卓越投资、众筹网等金融机构合作，为创业者提供融资服务。[①] 中关村东城园管委会推动北京市文化科技融资担保有限公司加入中关村国家自主创新示范区融资担保体系，为园区内中小文化创意企业提供“投、融、担、贷、保”等综合性服务，显著拓宽了功能区创新创业融资渠道。[②]

---

① 王笑天．DRC创億梦工厂丨DRC知本家咖啡沙龙［EB/OL］．北京工业设计促进会．http：//www.wtoutiao.com/p/F23QE0.html，2015－09－17.

② 中关村国家自主创新示范区东城园简称中关村东城园，由雍和园和龙潭湖体育产业园两个地块组成，内含动漫网游及数字内容功能区的中关村东城园相关区域和文化金融融合功能区的中关村东城园相关区域。

（三）功能区打造“双创”人才高地

功能区产业链条相对完整，产业要素相对完善，创业环境相对优良，在吸引文化创意“双创”人才集聚方面具有综合优势。一些功能区通过制定专门的人才支持措施等手段，为双创人才集聚提供了良好的政策环境，已经发展成为文化创意相关行业人才发展的高地。如中关村东城园积极探索建设文化人才管理改革试验区，设立了人才创新创业引导基金，建设了东城文化人才（国际）创业园，发布了东城文化人才评价标准，重点面向产业发展急需的4类文化人才提供人才集聚、创新创业、保障服务等政策支持。[①] 文化艺术品交易功能区的宋庄片区加大原创艺术人才引进力度，建立了“中国宋庄创意工场”，以集聚创客为核心，汇集政策、资本、技术、人才优势，打造集价值、知识、资本于一体的“创业加速器”，并且整合了2亿元投资基金，为中小企业、创业团队提供更优质的服务。

四、功能区实施疏解提升发展新任务

加快推动京津冀协同发展、有序疏解北京非首都功能是全市上下都要贯彻落实的一项重大战略任务，也是在更大空间平台上解决城市病问题的内在要求。在功能区中，既有文化创意产业，也有非文化创意产业；既有要着力发展的高精尖文化创意产业业态，也有纳入疏解范围的低端文化创意产业业态。因此，立足首都城市战略定位，坚持疏解与提升同步推进，积极推进非首都功能疏解腾退，升级发展高端文化创意产业，加强京津冀文化创意产业协同发展，成为近两年功能区发展的新主题、新任务。

（一）功能区加快推进非首都功能疏解项目实施

按照《北京市新增产业禁止和限制目录（2015年版）》（京政办发

---

① 东城文化人才（国际）创业园：构建聚合人才的生态空间［EB/OL］. 千龙科技 . http：//tech. qianlong. com/2016/0111/263927. shtml，2016－01－11.

〔2015〕42 号）要求，部分功能区面临较大的产业疏解压力，尤其是处于规划建设阶段和转型再造阶段的功能区及其片区，在疏解非首都功能方面亟须加快步伐。如新媒体产业功能区、文化艺术品交易功能区（潘家园周边区域、琉璃厂周边区域、报国寺周边区域和美术馆—隆福寺高端艺术品交易区）、创意设计功能区（大红门周边区域、展览路周边区域）、出版发行功能区（北京国家数字出版基地）、北京老字号品牌文化推广功能区以及天坛—天桥核心演艺功能区等。

目前，多个功能区已经开展产业疏解腾退工作。如新媒体产业功能区的国家新媒体产业基地将威克多、人民电器厂等 5 家工业企业迁出或生产环节外迁，2 家企业成功转型，腾退盘活产业用地 5 万余平方米。① 出版发行功能区的北京国家数字出版基地自批复两年来持续推进疏解腾退工作，第二产业已迁至房山和河北。创意设计功能区的展览路周边区域中，动物园服装批发市场已于 2015 年 1 月进入实质疏解阶段，截至 2015 年底该市场摊位减少 60% 以上，腾退 20 万平方米，预计 2017 年底前将全部完成疏解任务。② 艺术品交易功能区的大栅栏琉璃厂历史街区已经持续两年推进人口疏解、文物腾退、房屋改造、基础设施提升等工作，美术馆—隆福寺地区已经明确了改造提升计划，潘家园地区市场集群已经纳入朝阳区“十三五”时期疏解腾退重点。③ 2015 年 9 月，创意设计服务功能区的大红门片区鞋类批发市场启动关停工作，计划到 2017 年底全部关停或转型 35 家不符合首都功能定位的市场，届时疏解工作将全部完成。④

（二）功能区利用腾退空间发展文化创意新业态

随着非首都功能疏解工作的有序推进，各功能区积极利用腾退空间资源发展文化创意新业态，加快推动创意设计、艺术交易、影视创作等细分

---

① 周笑．理解新媒体的产业价值［J］．视听界，2011（1）：73 – 76.

② 巩峥．“动批”聚龙市场年底谢幕［N］．北京日报，2015 – 12 – 26.

③ 李天际．大栅栏琉璃厂居民将适度外迁［N］．北京青年报，2013 – 12 – 16.

④ 2015 年北京市政府重点工作情况汇编之京津冀协同发展篇［EB/OL］．首都之窗．http：//www. beijing. gov. cn/sy/2016lh/2015zdgzqkhb/t1421903. htm，2016 – 01 – 25.

领域的新业态集聚，加快推动“互联网 + 文化”、“文化 + 科技”、“文化 + 金融”等，优化文化创意产业结构，进一步提升文化创意产业的发展质量。CBD—定福庄国际传媒产业走廊功能区通过推动老旧工业厂房、传统商业设施、有形市场改造升级等方式，累计新增用于文化创意产业发展的物理空间超过 700 万平方米，重点引进文化传媒、动漫游戏、时尚设计、数字文化、新媒体等领域文化创意产业功能性和平台性项目落户，服务文化创意新业态发展。[①] 新媒体产业功能区的国家新媒体产业基地通过疏解腾退不符合首都功能的企业和淘汰改造闲置老供热厂等，形成了一批创意工作室和创新工场。一些处于城六区的功能区，对疏解腾退后的旧城胡同、商业办公设施、老旧厂房、四合院等加强再开发利用，引入的数字产业和高新技术服务业让老城区更具活力。位于东城区的一些文化创意产业园区主要通过对老旧厂房、四合院改造而成，目前总建筑面积达到 20 万平方米，入驻文化创意企业达 460 多家，全面打造“胡同里的创意工厂”，成为发展文化新业态的重要载体。位于东城区的北京老字号品牌文化推广功能区的前门、王府井地区，经过传统业态腾退和街区修整改造后重新开街，重点保护提升老字号和老品牌。西城区以大栅栏、琉璃厂、天桥地区等片区为依托，升级建设国家级京味文化体验中心、国家级文化艺术品交易鉴赏中心、国家级文化演艺中心，打造“京城文化南中轴”。位于东城区、西城区的天坛—天桥核心演艺功能区经过腾退升级后，重点建设传统民俗文化体验和演艺产业园。

（三）功能区推进京津冀文化创意产业协同发展

引导功能区因地制宜向天津、河北疏解不符合首都功能的文化创意产业，加快形成京津冀分工协作的文化创意产业协同发展空间格局，有利于实现文化要素资源的有序流动，对提升京津冀地区文化创意产业发展水平具有促进作用。按照国家和全市部署，近两年各功能区都加大了京津冀合

① 张乾峰．传媒特色与创意产业园发展［J］．新闻前哨，2012（4）：82 - 84.

作发展力度。如出版发行功能区、文化艺术品交易功能区积极将设备制造、批发集散环节转移至津冀等更具资源比较优势的区域。影视产业功能区将部分外景基地转移至津冀地区。798时尚创意功能区、音乐产业功能区等加强了与津冀地区的合作交流，产业链条实现跨区域延伸。国家新媒体产业基地内的北京威克多制衣中心将生产线全部迁往衡水，北京公司成为总部及研发中心。创意设计服务功能区依托北京设计资源优势，积极构建在北京设计研发、在天津测试熟化、在河北生产的京津冀创意设计产业协同发展格局，成立了服务三地、共享设计资源的京津冀设计产业联盟，建立了京津冀设计需求对接平台，为三地设计企业、设计机构、设计院所、设计高校、设计师等提供开放性交流协作平台。① 第五届北京国际设计周组织实施的2015年设计之旅主题活动首次将范围扩大至天津、河北地区，为京津冀创意设计产业交流合作提供了更广阔的平台。

五、功能区塑造文化创意高端新品牌

实施品牌战略，是提升功能区核心竞争力、推动产业特色化发展、引领产业高端化发展的必经之路。功能区依托主导产业定位，始终把品牌战略作为凸显功能区特色、推动产业升级的重要抓手，通过举办高端品牌活动、打造特色品牌形象、集聚优势品牌资源等方式，在全国文化创意产业中形成了较强的品牌影响和辐射效应，切实推动了经济增长方式从规模扩张型向质量效益型转变。

（一）功能区塑造了一批高端资源品牌

一批主导产业突出、资源优势独特的功能区，进一步加大了对文化创意核心、顶尖、特色资源的汇集，通过打造专业化资源平台、塑造高端资源品牌，强化功能区在全国、在本行业中的风向标引领地位。如位于石景

---

① 韩肖．2015中国设计节北京大兴开幕搭建创新交流平台［EB/OL］．中国经济网．http：//www. ce. cn/cysc/sp/info/201511/19/t20151119_ 7059628. shtml，2015－11－19.

山区的动漫网游及数字内容功能区，动漫游戏产业总产值占据全市半壁江山，近年来重点打造动漫领域创新创业服务领先品牌，目前已集聚各类科技企业孵化器、众创空间20余家，涌现出投资促进型、培训辅导型、专业服务型、创客孵化型等四类新型服务模式，并在硅谷设立海外孵化器，“双创”工作呈现出服务机构市场化、服务模式专业化、服务活动国际化特点。① 创意设计服务功能区的中关村德胜园，在全国率先建立了完整的设计资源协作体系，汇集了大量高端设计资源，成为全国工业设计创意资源的集聚区与辐射地。影视产业功能区的北影、新影集团厂区，重点实施先进设施设备和高端资源要素平台战略，依托影视产业领域的资源优势，扩大品牌影响力。影视产业功能区的中国（怀柔）影视产业示范区，以影视科技后期制作为核心定位，全力打造全生态产业链的影视产业品牌，2015年47部票房过亿的国产影片中有近半数出自怀柔，怀柔区“中国影都”品牌凸显。文化艺术品交易功能区的宋庄区域，实施高端原创艺术人才集聚战略，已发展成为本功能区中面积最广、品牌影响力最大的片区。

（二）功能区举办了一批高端品牌活动

依托首都的区位优势和国际影响力，功能区积极引入和举办具有影响力、标志性、代表性的国际国内品牌活动，成功提升了影响力。如创意设计产业功能区举办的北京国际设计周被纳入“全球设计地图”，成为亚洲规模最大、最具影响力的创意设计展示、推介、交流、交易的服务平台和品牌活动，设计周期间推出“经典设计奖”，组建运行国际创意设计服务中心（DSC），积极吸引国际设计领域高端人才集聚北京或关注北京设计产业，推动功能区创意设计服务产业迈向国际市场。出版发行功能区的北京台湖出版物会展贸易中心通过定期举行大型行业展会、订货会和业内外交流等品牌活动，汇聚出版发行业上中下游资源，是目前国内最大的出版物

---

① “石创20条”掀起石景山创新创业新浪潮［EB/OL］. 城市频道，国际在线. http：//gb. cri. cn/43871/2015/08/28/7971s5083908. htm，2015－08－28.

集散平台，被称为图书文化创意产业的大型“航母”。会展服务功能区通过成功举办“京交会”、“文博会”、“科博会”等具有国际国内影响力的品牌博览会，已经成为首都会展行业发展的名片。奥林匹克公园文化体育（会展）融合功能区通过举办田径世锦赛、北京国际马术大师赛、全球移动互联网大会等重大文体赛事活动，进一步提升了其国际会议会展品牌影响力。戏曲文化功能区组织开展的戏曲文化嘉年华活动，成为国内外戏曲爱好者展现戏曲才华、享受戏曲文化的知名舞台。音乐产业功能区连续多年举办中国乐谷国际流行音乐季和九棵树数字音乐节，行业影响力逐年提升。

（三）功能区大力实施国际化品牌战略

随着文化创意产业发展进入科技与文化、传统与现代交相辉映的新时期，加快国际化发展的重要性更加凸显。各功能区均把搭建国际交流合作平台作为提升国际品牌影响力的重要手段，引进来和走出去并重，积极推动北京文化创意产业融入新一轮全球化发展进程，提升国际影响力。天竺文化保税功能区搭建文化产品国际交流交易平台，建设全国首个海外回流文物口岸交易市场，建成了口岸型古董艺术品交易市场，在强化中国与国际文化产品进出口业务的同时，积极推进与澳大利亚、俄罗斯、欧盟等国家和地区合作建立文化产品创新合作中心的步伐，推动中国文化艺术更快走向全世界。798 时尚创意功能区的国际化发展也走在前列，打造文化艺术品国际交易平台，全球性艺术展览演出活动逐年增多，品牌国际影响力日趋提高，已经吸引来自法国、意大利等 25 个国家和地区的境外机构入驻，众多国际顶尖的艺术家在此开展艺术活动，已成为最具国际影响力的中国当代艺术展览展示中心。出版发行功能区积极推动图书的国际化交流合作，北京发行集团下属的北京市图书进出口有限公司持续拓展与国外众多知名出版集团的合作，设置了国内唯一的进口外文原版出版物展示展销大厅，不断扩充引进外文原版教材教辅品种，加强国内优秀出版图书的国际化推广，稳步提升出版产业的国际化品牌形象。

六、功能区成为产城融合发展新载体

产城融合是以城市空间承载产业升级发展，以产业发展支撑城市功能完善更新的一种新发展理念和建设模式，旨在实现产业、城市与人的活动之间更有活力、更为和谐。功能区天然具有推动产业和城市发展的双重功能属性，已经逐渐发展为兼具文化生产和文化消费功能的有机体，成为推动职住平衡和产城融合发展的新动力。

（一）功能区成为推动文化消费的重要平台

功能区作为一个城市综合体，既集聚了全市最优质的文化生产资源，又有包括生产者在内的大量文化消费群体，具有产城融合的良好基础和发展动力。一方面，功能区吸引文化创意产业从业者、文化创意企业等产业资源集聚，通过发展戏剧演出、影院、游乐园、艺术品展销、创意设计等核心业态，为群众提供多样化的文化产品，从而集聚大量消费人群，带动区域消费升级；另一方面，功能区通过为艺术家提供良好便利的生活环境和艺术创作空间，使文化创意产业从业者能够带领团队在本地安居乐业，实现区域职住平衡。

全市功能区中有2/3的功能区兼具文化生产和文化消费服务能力，包括天坛—天桥核心演艺、戏曲文化艺术、798时尚创意、音乐产业、影视产业、文化艺术品交易、文化休闲、出版发行、会展服务、北京老字号品牌文化推广等功能区。这些功能区自身能够生产各具特色的文化产品，为消费者提供更多更好的文化消费选择，提升群众对文化艺术的审美能力、培育文化消费理念，有利于持续激发观众潜在的文化消费需求。如音乐产业功能区的中国乐谷连续举办5届中国乐谷国际流行音乐季，九棵树周边区域连续6年举办九棵树数字音乐节，已成为国际国内音乐爱好者交流和享受音乐文化的重要平台。天坛—天桥演艺功能区开展天桥惠民艺术展及天桥艺术沙龙、天桥音乐剧演出季等文化惠民活动。戏曲文化功能区文化嘉年华引导百姓近距离接触戏曲，享受和发现戏曲的魅力，以寓教于乐的形式对传统戏曲、传统文化的传承与发扬做出贡献。798 时尚创意功能区组织的 798 艺术节开展艺术主题展、雕塑展、推介展、戏剧演出等近百项艺术活动，组织摄影大赛、涂鸦、创意集市等活动，激发文化消费活力。功能区也更加注重通过提供更加人性化服务、浸入式互动、场景化设计等，提升大众对功能区文化创意产品的体验感受，将其作为提升文化创意园区品牌影响力的重要手段。

（二）功能区建设加快了新型城市化进程

功能区的建设和发展带动了区域经济转型升级，尤其在郊区，功能区极大地带动了当地经济发展，加快了新型城市化建设进程。音乐产业功能区推动了平谷中国乐谷和大兴钧天坊等区域发展乐器研发、制作、交易、培训等产业活动，有效带动了当地配套设施建设，城市基础设施明显改善。历史文化和生态旅游功能区在“三山五园”历史文化景区、西山八大处文化景区、周口店北京人遗址、云居寺文化景区等重点项目的基础上，积极开发文化休闲娱乐等新形式，以文化旅游休闲产业带动了生态保护和传统农业转型升级，农村面貌大为改善。具有消费带动能力的 798 时尚创意功能区、主题公园功能区、历史文化和生态旅游功能区、北京老字号品牌文化推广功能区，利用功能区的文化艺术气息，通过文化与旅游业、文化与商务服务业等的融合发展，吸引了大量游客和艺术爱好者前来，推动了餐饮、酒店、店铺等产业快速发展，实现了经济和艺术良性互动发展，显著提升了当地区域的城市化水平。文化与当地区域经济的融合发展，带动了街区、社区、胡同、公园、村舍等的创意化升级，呈现出创意街区、创意社区、创意胡同、创意公园、创意新农村等新型文化创意产业融合综合体，促进区域新型城市化进程提速。

第二章 功能区法人单位情况

功能区规模以上文化创意产业法人单位（以下简称“功能区法人单位”）是指在功能区注册的规模以上具有独立法人资格的从事文化创意产业的单位实体，包括企业法人、事业单位法人、社会团体法人和其他法人等。功能区法人单位数量是反映功能区法人单位的集聚发展状况和分布密度的指标，可衡量功能区发展水平。

一、基本情况

（一）功能区法人单位集聚效应明显提高

据市统计局统计，2015 年 20 个功能区法人单位总数达到 4352 家，占全市规模以上文化创意产业法人单位总数 6278 家的比重达到 69.32%，比 2014 年提高了 10 个百分点，表明全市规模以上文化创意产业法人单位实现近七成在功能区内集聚，集聚效应显著提高。

（二）功能区法人单位数量差异较大

据市统计局统计，2015 年 20 个功能区中文化科技融合示范功能区法人单位数量最多，达到 2039 家，占 20 个功能区法人单位总数的 46.85%。法人单位数量位于 500～1000 家的功能区有 1 个，为 CBD—定福庄国际传媒产业走廊功能区，达到 729 家。法人单位数量位于 300～500 家的功能区有 2 个，为文化金融融合功能区和奥林匹克公园文化体育（会展）融合功能区，分别达到 322 家和 313 家。法人单位数量位于 100～300 家的功能区有3个，为创意设计服务功能区、出版发行功能区和动漫网游及数字内容功能区，分别达到205家、154家和140家。法人单位数量位于50~100家的功能区有5个，为798时尚创意功能区、新媒体产业功能区、北京老字号品牌文化推广功能区、天坛—天桥核心演艺功能区和影视产业功能区，分别有80家、76家、69家、67家和50家。法人单位数量位于10~50家的功能区有4个，为文化艺术品交易功能区、历史文化和生态旅游功能区、会展服务功能区和音乐产业功能区，分别有42家、30家、14家和12家。主题公园、戏曲文化艺术、未来文化城和天竺文化保税4个功能区法人单位数量均未突破10家。总体来看，法人单位在各功能区的分布差异仍然较大。（详见图2－1）

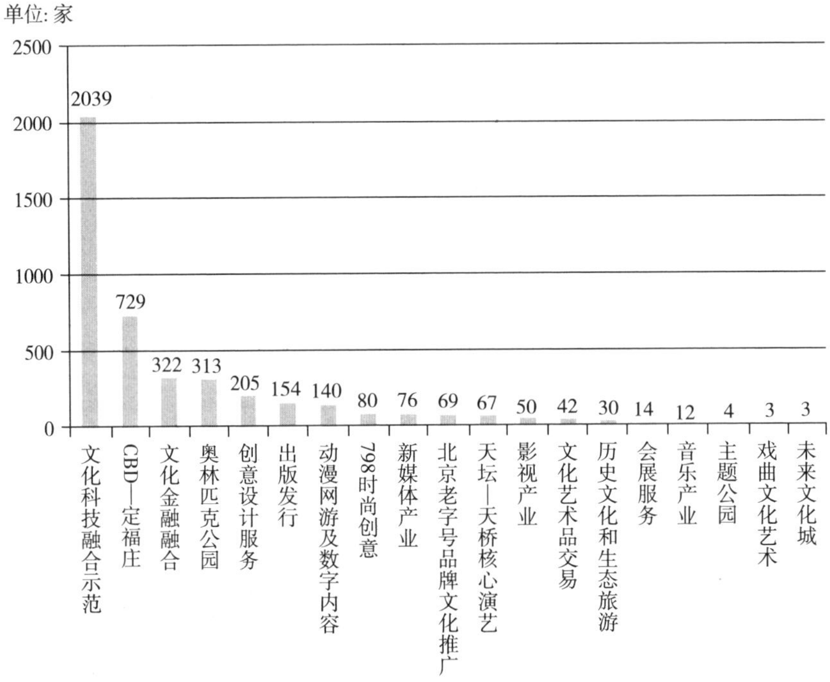

图2－1　功能区法人单位情况

（三）功能区法人单位密度相差悬殊

提高土地的集约利用是规划建设功能区的重要目标之一。根据市统计局统计数据分析，功能区（历史文化和生态旅游功能区因无明确四至范围，未包含其法人单位数量和面积）法人单位密度（即单位土地面积法人单位数量）平均值为9.60家/平方公里。法人单位密度超过功能区平均水平以上的功能区有7个，其余12个均处于平均水平以下。不同行业特征的功能区，其单位土地面积承载的企业数量也有很大差异。其中，排名前两位的是文化金融融合功能区和北京老字号品牌文化推广功能区，分别达到39.66家/平方公里和26.64家/平方公里，法人单位的集聚效应十分显著；而法人单位密度低于1家/平方公里的包括音乐产业、主题公园、戏曲文化艺术、未来文化城和天竺文化保税等5个功能区，说明各功能区法人单位密度悬殊较大，龙头带动作用有待进一步发挥。（详见表2－1）

表2－1　功能区法人单位密度情况　　单位：家/平方公里

功能区名称	2015年
文化金融融合功能区	39.66
北京老字号品牌文化推广功能区	26.64
文化科技融合示范功能区	16.59
天坛—天桥核心演艺功能区	15.37
动漫网游及数字内容功能区	12.24
创意设计服务功能区	12.23
奥林匹克公园文化体育（会展）融合功能区	11.40
798时尚创意功能区	9.49
CBD—定福庄国际传媒产业走廊功能区	9.35
出版发行功能区	8.13
影视产业功能区	2.63
新媒体产业功能区	2.21
文化艺术品交易功能区	1.53
会展服务功能区	1.33
音乐产业功能区	0.67

续表

功能区名称	2015 年
主题公园功能区	0.30
戏曲文化艺术功能区	0.21
未来文化城功能区	0.21
功能区平均	9.60

二、两条主线带动情况

根据《规划》，“两条主线”为文化科技融合主线和文化金融融合主线。文化科技融合主线包括文化科技融合示范功能区、动漫网游及数字内容功能区 2 个功能区，是充分发挥国家级文化和科技融合示范基地作用及北京市科研资源与高新技术产业优势，提升文化创意产业增加值和成果转化率的载体；文化金融融合主线包括文化金融融合功能区 1 个功能区，是北京市发挥全国金融机构总部优势，促进金融服务实体经济，带动全市文化创意产业发展的总平台和发动机。

（一）两条主线集聚了功能区一半以上法人单位

据市统计局统计，2015 年两条主线集聚了 2501 家法人单位，占据全市 20 个功能区法人单位总量的 57.47%，超过其余 17 个功能区总和，显示出了独特的发展优势。主要原因在于两条主线均体现了文化创意产业的高精尖、跨界融合特性，集聚了最具发展活力的企业，对功能区快速发展和创新发展发挥了重要的带动作用。

（二）两条主线法人单位密度高于功能区平均水平

据市统计局统计数据分析，2015 年文化科技融合主线法人单位数量共计 2179 家，法人单位密度为 16.22 家/平方公里；文化金融融合主线法人单位数量共计 322 家，法人单位密度为 39.66 家/平方公里。综合来看，2015 年两条主线法人单位密度为 17.55 家/平方公里，是功能区平均水平

的 1.83 倍。(详见图 2－2)

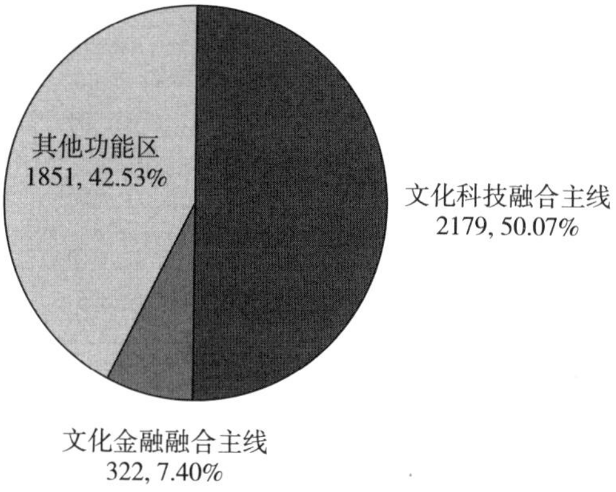

图 2－2　两条主线法人单位情况

三、七大板块支撑情况

根据《规划》，功能区的七大板块包括文化艺术板块、传媒影视板块、出版发行板块、设计服务板块、文化交易板块、会展活动板块和文化休闲板块七个板块，共包括 17 个功能区。

(一) 七大板块法人单位数量呈现两极分化

据市统计局统计，2015 年七大板块法人单位数量共计 1851 家，占功能区法人单位数量的 42.53%，且法人单位数量在七大板块呈现出两极分化的特点。其中，传媒影视板块法人单位数量最多，达到 855 家，占七大板块法人单位总数的比重达到 46.19%。会展活动、设计服务两大板块法人单位数量在 200～350 家，占七大板块法人单位数量比重均达到 10%～20%。文化艺术、出版发行、文化休闲 3 大板块法人单位数量在 100～200 家，占七大板块法人单位数量比重均不足 10%，文化交易板块法人单位数仅有 42 家，与其他板块差距最大。(详见图 2－3)

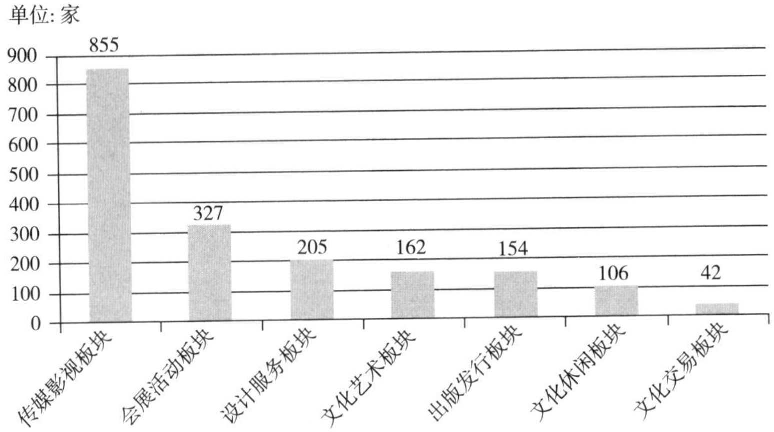

图 2-3　七大板块法人单位情况

（二）七大板块法人单位集聚水平参差不齐

七大板块法人单位密度平均值为 5.72 家/平方公里（不含历史文化和生态旅游功能区），是两条主线法人单位密度的 1/3，是功能区法人单位密度的 3/5。七大板块中，仅设计服务板块的法人单位密度高于功能区平均水平，剩余六大板块均低于功能区平均水平，尤其是文化艺术板块、文化休闲板块和文化交易板块，分别仅为功能区平均水平的 37.81%、25.94% 和 15.83%，集聚水平差异较大。（详见图 2-4）

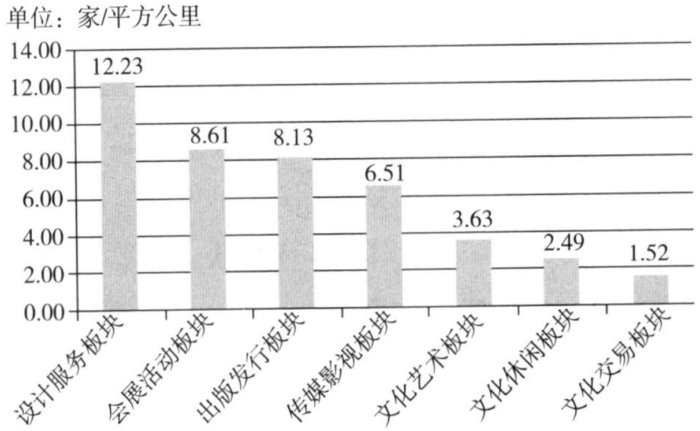

图 2-4　七大板块法人单位密度情况

四、“3＋3＋X”产业分布情况

根据《北京市文化创意产业提升规划（2014—2020年）》，将文化创意产业分为三大类别，分别是以文化艺术、广播影视、新闻出版三个行业为代表的“传统行业”，以广告会展、艺术品交易、设计服务三个行业为代表的“优势行业”，以文化科技融合、文化金融融合、文化与其他领域融合为代表的“融合业态”，构成“3＋3＋X”体系。

（一）融合业态法人单位数量持续引领三大行业

2015年，传统行业、优势行业和融合业态三大类功能区法人单位数量分别达到1171家、574家和2607家，分别占所有功能区法人单位数量的26.91%、13.19%和59.90%，以新业态为主的融合业态代表了未来文化创意产业的发展趋势。（详见图2－5）

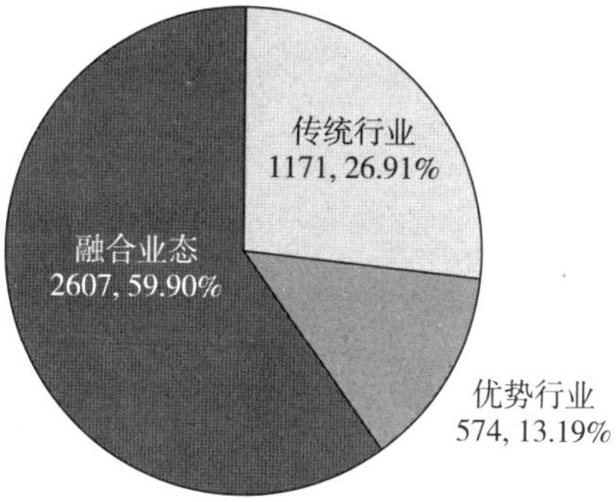

图2－5　三大业态法人单位情况

（二）融合业态法人单位集聚程度独占鳌头

传统行业、优势行业和融合业态功能区中，传统行业和优势行业法人单位密度分别为功能区平均水平的62.56%和72.62%，而融合业态类功能区法人单位密度高达15.07家/平方公里，是功能区平均水平的1.57倍，表现出较高的集聚趋势。（详见表2－2）

表 2－2　三大业态法人单位密度情况　　单位：家/平方公里

业态	2015 年
传统行业	6.01
优势行业	6.97
融合业态	15.07
平均	9.60

第二章 功能区从业人员情况

功能区从业人员是指在功能区内规模以上文化创意产业法人单位从事一定的社会劳动并取得劳动报酬或经营收入的各类人员。功能区从业人员数量可反映各功能区吸纳文化创意产业人才的情况。

一、总体情况

（一）功能区从业人员集聚效应不断增强

2015 年，功能区从业人员数量达到 80.61 万人，同比增长 4.08%，占全市规模以上文化创意产业法人单位从业人员数量的 76.82%，比 2014 年提高了 2.35 个百分点。20 个功能区从业人员数量及其占比持续提高，表明功能区对文化创意人才的集聚效应不断增强。

（二）功能区从业人员数量分布不均

2015 年，功能区从业人员呈现梯度分布态势。文化科技融合示范功能区和 CBD—定福庄国际传媒产业走廊功能区集聚能力强劲，从业人员数量稳居功能区前两位，分别达到 47.70 万人和 9.09 万人。

奥林匹克公园文化体育（会展）融合、文化金融融合和创意设计服务 3 个功能区从业人员数量分别为 4.99 万人、4.35 万人和 3.59 万人，名列第三、第四、第五名。其中，奥林匹克公园文化体育（会展）融合功能区和文化金融融合功能区从业人员同比基本持平，而创意设计服务功能区同比降幅较大，发展稳定性有待加强。

会展服务和音乐产业 2 个功能区从业人员仅为 1100 ~ 1200 人，戏曲文化艺术、未来文化城、主题公园 3 个功能区从业人员数量仅为 100 ~ 550 人，上述 5 个功能区从业人员数量不仅规模小，而且同比呈下降趋势。

整体来看，发展相对成熟的功能区对文化创意人才的吸纳能力较强，而发展相对较弱的功能区对文化创意人才的吸纳能力有待提高。（详见表 3 – 1）

表 3 – 1　功能区从业人员情况　　单位：万人

功能区名称	2015 年	2014 年	同比变化
文化科技融合示范功能区	47.7	44.54	7.11%
CBD—定福庄国际传媒产业走廊功能区	9.09	8.74	4.05%
奥林匹克公园文化体育（会展）融合功能区	4.99	4.95	0.70%
文化金融融合功能区	4.35	4.40	–0.96%
创意设计服务功能区	3.59	3.92	–8.27%
出版发行功能区	2.48	2.47	0.19%
动漫网游及数字内容功能区	1.72	1.67	2.89%
新媒体产业功能区	1.39	1.31	6.10%
798 时尚创意功能区	1.19	1.22	–1.92%
影视产业功能区	1.08	1.08	0.05%
北京老字号品牌文化推广功能区	1.08	1.10	–2.20%
历史文化和生态旅游功能区	0.61	0.65	–5.39%
文化艺术品交易功能区	0.60	0.56	6.20%
天坛—天桥核心演艺功能区	0.42	0.50	–16.14%
会展服务功能区	0.12	0.12	–4.28%
音乐产业功能区	0.11	0.12	–6.32%
主题公园功能区	0.05	0.06	–7.71%
戏曲文化艺术功能区	0.03	0.03	–4.02%
未来文化城功能区	0.01	0.03	–56.39%
总计	80.61	77.45	4.08%

（三）从业人员受功能区主导产业影响较大

各功能区的产业发展定位有着明显差异，以高精尖产业为主导定位的功能区吸纳了大量的从业人员，如文化科技融合示范功能区和 CBD—定福庄国际传媒产业走廊功能区。文化科技融合示范功能区以文化软件服务、互联网信息服务、文化增值电信服务以及移动互联、人工智能、大数据、云计算等产业融合的新型业态为主导产业；CBD—定福庄国际传媒产业走廊功能区以新闻业、音像及电子出版物出版发行、广播电视服务与传输以及相关的软件业、网络服务、设计服务业、文化商务服务和相关设备制造业等为主导产业。文化创意产业的高精尖定位充分适应了首都人力资源开发和利用优势，文化科技创新产业对优秀人才的吸引力持续增强。2015年，这两大功能区从业人员共有56.79万人，合计占全部功能区从业人员数量的70.45%；占同期全市文化创意产业从业人员的54.12%。

与文化科技融合示范功能区和CBD—定福庄国际传媒产业走廊功能区相比，以乐器研发、演出演艺、音乐教育与培训、音乐版权保护与交易为主导产业的音乐产业功能区，以公园运营为核心的主题公园功能区，以戏曲演艺、教育、展示、体验、衍生品研发为主导产业的戏曲文化艺术功能区等对文化创意人才的吸纳能力十分有限。如何强化该类文化创意产业的文化科技创新能力，进一步提升其对文化科技创新人才的吸引力是加快推动该类功能区发展的有效途径。

（四）功能区的人才集聚效应显著高于全市

2015年，功能区法人单位平均从业人员数量为185.24人/家，比2014年功能区法人单位平均从业人员数量（159.60人/家）增长了16.06%；是2015年全市文化创意产业法人单位平均从业人员数量167.15人/家的1.11倍，证明功能区法人单位对文化创意人才的集聚效应进一步提升，且高于全市平均水平。

二、两条主线带动情况

（一）两条主线人才吸纳能力进一步提升

2015年，文化科技融合主线和文化金融融合主线所含3个功能区从业人员总数达到53.78万人，比2014年增加了3.17万人，同比增长6.27%。两条主线从业人员数量占功能区从业人员总数的比重由2014年的65.33%提升至2015年的66.71%，提高了1.38个百分点，两条主线对人才的吸纳能力进一步提高。其中，文化科技融合主线从业人员为49.42万人，占两条主线从业人员总数的比例达91.90%，同比实现持续上升。（详见图3－1）

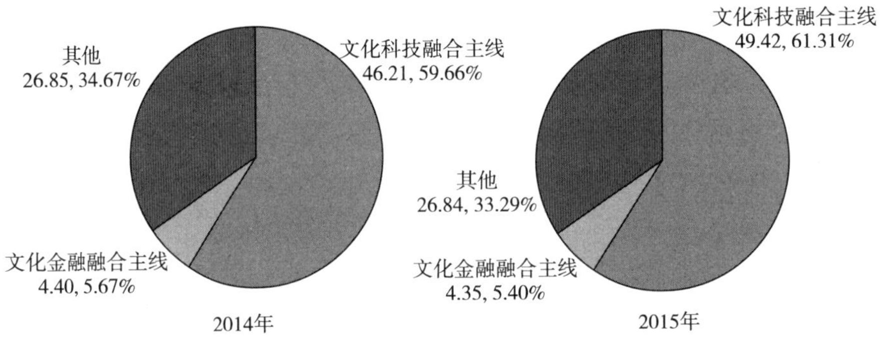

图3－1　两条主线从业人员情况

（二）两条主线法人单位吸纳从业人员较多

两条主线不仅带动了功能区2/3的就业，而且其法人单位平均从业人员数量也相对较高，达到215.02人/家，其中文化科技融合主线法人单位平均从业人员数量为226.81人/家，文化金融融合主线法人单位平均从业人员数量为135.22人/家，分别为20个功能区平均水平的1.22倍和0.73倍。文化科技融合主线法人单位平均从业人员数量高于全市平均水平，对人员就业的贡献程度更高。

三、七大板块支撑情况

（一）七大板块吸纳就业能力相对较弱

2015年，文化艺术、传媒影视、出版发行、设计服务、文化交易、会展活动、文化休闲等七大板块从业人员总数为26.84万人，占全部功能区从业人员总数的33.29%，比2014年降低了1.37个百分点。同两条主线相比，七大板块的就业吸纳能力相对不足，支撑作用有待提高。

（二）七大板块从业人员分布存在明显差异

2015年，七大板块从业人员平均数量为3.83万人，其中传媒影视板块和会展活动板块从业人员数量位于平均水平以上，其余五个板块位于平均水平以下。传媒影视板块从业人员数量达到11.56万人，同比增长3.86%，占七大板块从业人员总数的43.08%；会展活动板块从业人员数量达到5.11万人，比2014年略有增长，占七大板块从业人员总数的19.02%。文化艺术、出版发行、设计服务等五个板块从业人员数量合计10.17万人，占七大板块从业人员总数的37.90%，其中文化交易板块从业人员数量仅为6000人。与2014年相比，七大板块从业人员数量的两极化分布并无改善，其中设计服务、文化艺术、文化休闲三大板块从业人员不仅总量小而且呈现下降趋势。（详见表3-2）

表3-2　七大板块从业人员情况　　单位：万人

板块名称	2015年	2014年	同比变化
传媒影视板块	11.56	11.13	3.86%
会展活动板块	5.11	5.08	0.59%
设计服务板块	3.59	3.92	-8.42%
出版发行板块	2.48	2.47	0.40%
文化艺术板块	1.75	1.86	-2.02%
文化休闲板块	1.75	1.83	-4.37%
文化交易板块	0.60	0.56	7.14%

（三）七大板块法人单位平均从业人员差距较大

七大板块法人单位平均从业人员数量为145.00人/家，是同期功能区平均水平的78.28%。七大板块法人单位平均从业人员数量差距较大，会展活动、文化休闲、传媒影视和设计服务四大板块法人单位平均从业人员水平最高，分别达到481.60人/家、416.95人/家、353.60人/家和221.75人/家，分别为功能区同期平均水平的2.60倍、2.25倍、1.91倍和1.20倍，均高于两条主线法人单位平均从业人员水平；而出版发行、文化交易和文化艺术三大板块法人单位平均从业人员水平较低，分别仅为120.95人/家、38.84人/家和20.47人/家。（详见图3-2）

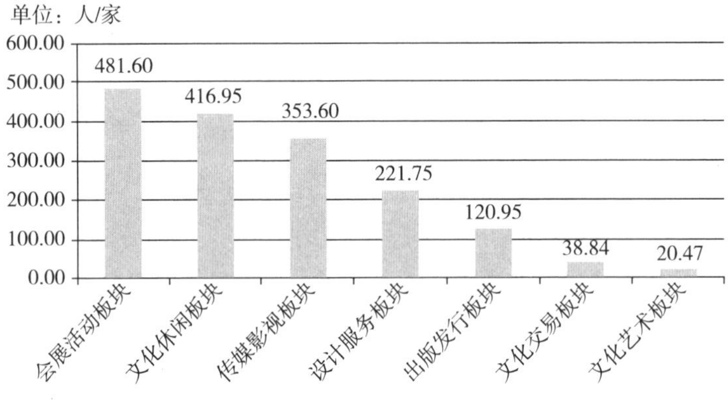

图3-2　七大板块法人单位平均从业人员情况

四、“3+3+X”产业分布情况

（一）融合业态从业人员占比接近七成

按照北京市文化创意产业“3+3+X”分类，2015年融合业态类功能区从业人员总数为55.53万人，比2014年增加了3.09万人；融合业态类功能区从业人员占功能区从业人员数量的68.88%，比2014年提高了1.18个百分点。与传统行业和优势行业两类功能区相比，融合业态类功能区吸纳了更多从业人员，占比接近七成。

（二）传统行业和优势行业就业吸纳能力尚未有效发挥

2015年，传统行业、优势行业两类功能区法人单位从业人员数量分别为15.79万人和9.30万人，分别占20个功能区从业人员总数的19.59%和

11.53%。相较于 2014 年，传统行业类和优势行业类功能区从业人员数量占比均有所下降。与融合业态类功能区从业人员数量持续增加相比，传统行业、优势行业类功能区对人才的吸纳能力仍然相对较弱。（详见图 3－3）

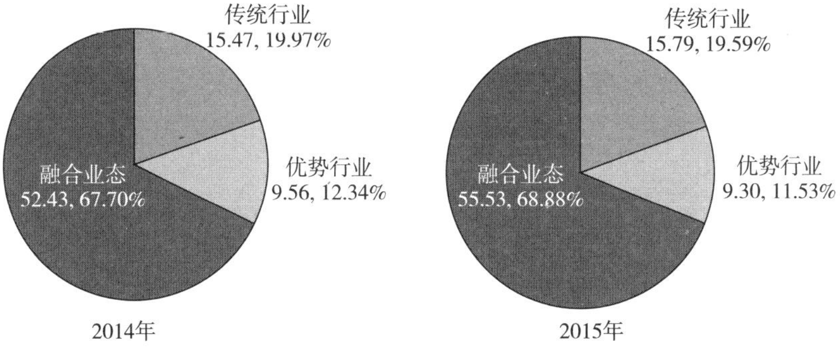

图 3－3　三大业态从业人员分布情况

第四章 功能区营业收入情况

功能区营业收入是指功能区规模以上文化创意产业法人单位在从事销售商品、提供劳务和让渡资产使用权等日常经营业务过程中所形成的经济利益的总流入。该指标可以反映各功能区的市场经营能力和文化创意产业发展的贡献大小。

一、总体情况

（一）功能区营业收入占比再创新高

2015 年，全市 20 个功能区营业收入再创新高，达到 9053.84 亿元，同比增长 10.97%；占全市文化创意产业总收入的 79.85%，比 2014 年提高了 1.16 个百分点。不断提高的功能区营业收入占比表明 20 个功能区文化创意产业的集聚效应更加明显，已成为全市文化创意产业的创收“主力军”。

（二）文化科技融合示范功能区营业收入持续领跑

2015 年，文化科技融合示范功能区营业收入达到 4877.73 亿元，同比增长 13.75%，增速高于功能区平均水平；占 20 个功能区营业收入总量的 53.87%，比 2014 年提高了 1.32 个百分点，是 20 个功能区中营业收入贡献最大的功能区，超过其他 19 个功能区营业收入之和，是功能区创收的领跑者。

（三）功能区营业收入总额呈两极分化

因受所处发展阶段、地域位置、主导产业等影响不同，不同功能区文化创意产业发展水平及营业收入总额差异较大。2015 年，大部分功能区营业收入都实现了一定增长，20 个功能区平均营业收入为 452.69 亿元，处于平均水平以上的功能区有 4 个。营业收入突破 100 亿元的功能区达到 11 个，数量比 2014 年增加 1 个，百亿元级以上的功能区营业收入总量和占比均持续提高；100 亿元以上功能区合计营业收入 8874.96 亿元，占 20 个功能区营业收入比重达到 98.02%，比 2014 年提高了 1.52 个百分点。其中，千亿元级以上的功能区增至 2 个，新增 CBD—定福庄国际传媒产业走廊功能区。7 个功能区营业收入呈现稳定或者下降特点，功能区之间的营业收入差距更为显著。（详见表 4－1）

表 4－1　功能区营业收入分布情况　　单位：亿元

功能区名称	2015 年	2014 年	同比变化
文化科技融合示范功能区	4877.73	4288.00	13.75%
CBD—定福庄国际传媒产业走廊功能区	1127.08	999.08	12.81%
文化金融融合功能区	592.09	513.99	15.20%
动漫网游及数字内容功能区	566.47	560.42	1.08%
创意设计服务功能区	412.32	425.92	－3.19%
奥林匹克公园文化体育（会展）融合功能区	315.72	335.56	－5.91%
出版发行功能区	298.64	300.72	－0.69%
北京老字号品牌文化推广功能区	225.71	203.30	11.02%
新媒体产业功能区	204.31	129.78	57.43%
影视产业功能区	139.80	119.76	16.74%
798 时尚创意功能区	115.06	98.25	17.11%
文化艺术品交易功能区	81.01	82.37	－1.65%
天坛—天桥核心演艺功能区	48.29	51.45	－6.15%
历史文化和生态旅游功能区	22.14	20.53	7.84%
会展服务功能区	15.40	19.25	－20.01%
戏曲文化艺术功能区	4.56	2.85	60.21%

续表

功能区名称	2015年	2014年	同比变化
主题公园功能区	3.83	3.82	0.25%
音乐产业功能区	3.31	3.34	-0.92%
未来文化城功能区	0.34	0.43	-20.57%
合计	9053.84	8158.82	10.97%

（四）功能区营业收入增速升降互现

2015年，11个功能区营业收入较2014年相比呈现上涨态势。其中，涨幅超过50%的有2个，分别为戏曲文化艺术功能区和新媒体产业功能区，涨幅分别达到60.21%和57.43%；6个功能区营业收入涨幅在10%～20%，3个功能区的营业收入涨幅不足10%；9个功能区的营业收入较2014年相比呈现下降态势，但是除未来文化城功能区和会展服务功能区外，另外7个功能区营业收入降幅普遍较窄。

二、两条主线带动情况

（一）两条主线营业收入的主导地位进一步巩固

2015年，文化科技融合和文化金融融合两条主线营业收入达到6036.30亿元，同比增长12.57%，占功能区营业收入的66.67%，占比较2014年略有提高。在两条主线中，文化科技融合示范功能区营业收入连续三年位居第一，动漫网游及数字内容功能区营业收入排名第三。两条主线不仅实现了自身产业规模的持续提升，而且对其他功能区的科技支撑和金融促进作用也更加凸显。

（二）两条主线营业收入一强一弱差异明显

2015年，文化科技融合和文化金融融合两条主线营业收入分别达到5444.21亿元和592.09亿元，同比分别增长12.29%和15.20%。虽然文化金融融合主线功能区营业收入增幅相对较高，但是其营业收入连续三年为文化科技融合主线营业收入的10%左右，两条主线之间营业收入差距仍然较为明显。（详见图4－1）

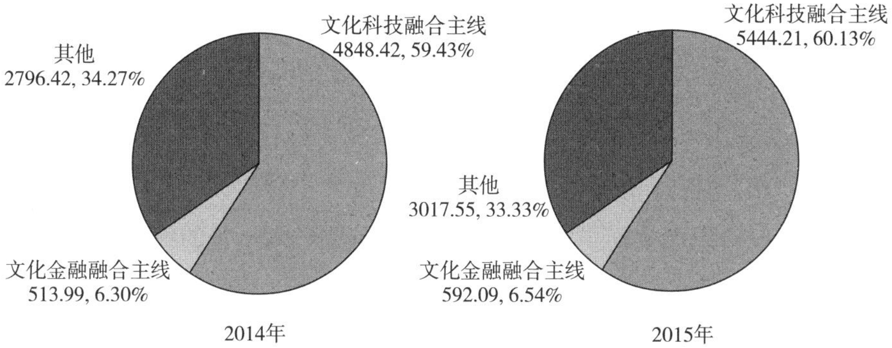

图4－1　两条主线营业收入情况

（三）两条主线土地产出率和劳动生产率水平较高

从单位土地面积产出来看，2015年文化科技融合和文化金融融合两条主线的土地产出率（即单位土地面积营业收入）较高，分别达到40.52亿元/平方公里和72.92亿元/平方公里，同比分别增长12.29%和15.19%，是功能区土地产出率（20.06亿元/平方公里）的2.02倍和3.63倍。

从单位从业人员产出来看，2015年文化科技融合和文化金融融合两条主线劳动生产率（即从业人员平均营业收入）分别达到110.16万元/人和135.99万元/人，同比分别增长5.06%和15.19%，文化科技融合主线略低于同期功能区平均水平（112.31万元/人），文化金融融合主线则高出功能区平均水平21.08%，两条主线仍是功能区中劳动生产率较高的区域，尤其是动漫网游及数字内容功能区从业人员平均营业收入高达329.34万元/人，居所有功能区之首。

三、七大板块支撑情况

（一）传媒影视板块占七大板块营业收入近半

2015年，七大板块营业收入总额为3017.55亿元，同比增长7.91%。其中，传媒影视板块营业收入1471.19亿元，同比增长17.83%；其余六大板块合计实现营业收入1546.35亿元，仅文化交易板块营业收入未突破百亿元，为81.01亿元。在七大板块总体营业收入上升的情况下，传媒影视、文化艺术、文化休闲三个板块营业收入同比增长分别为17.83%、9.84%和10.50%，其余四个板块小幅下降。（详见表4－2）

表4－2　七大板块营业收入情况　　单位：亿元

板块名称	2015年	2014年	同比变化
传媒影视板块	1471.19	1248.61	17.83%
设计服务板块	412.32	425.92	－3.19%
会展活动板块	331.12	354.82	－6.68%
出版发行板块	298.64	300.72	－0.69%
文化休闲板块	252.03	228.09	10.50%
文化艺术板块	171.23	155.89	9.84%
文化交易板块	81.01	82.37	－1.65%
小计	3017.55	2796.42	7.91%
20个功能区合计	9053.84	8158.82	10.97%

（二）七大板块土地产出率相对较低

2015年，七大板块平均土地产出率为9.80亿元/平方公里，尽管同比增长7.90%，但仅相当于同期功能区平均水平的48.85%，表明七大板块土地产出率远远低于两条主线。

从土地产出率绝对值来看，设计服务板块和出版发行板块最高，分别达到24.60亿元/平方公里和15.77亿元/平方公里；而文化艺术板块和文化交易板块显著偏低，仅为3.83亿元/平方公里和2.93亿元/平方公里，这两个板块的土地产出率亟待提高。

从土地产出率发展趋势来看，文化艺术、文化休闲和传媒影视三个板块实现同比增长，增速分别达到9.84%、10.50%和17.83%，而出版发行、文化交易、设计服务、会展活动四个板块均呈下降趋势，降幅分别为0.68%、1.65%、3.19%和6.68%。（详见表4－3）

表4－3　七大板块土地产出率情况　单位：亿元/平方公里

板块名称	2015年	2014年	同比变化
设计服务板块	24.60	25.41	－3.19%
出版发行版块	15.77	15.88	－0.68%
传媒影视板块	11.20	9.50	17.83%
会展活动版块	8.72	9.34	－6.68%
文化休闲版块	8.26	7.47	10.50%
文化艺术板块	3.83	3.49	9.84%
文化交易板块	2.93	2.98	－1.65%
小计	9.80	9.08	7.90%

（三）七大板块劳动生产率普遍较高

2015年，七大板块劳动生产率达到112.43万元/人，同比增长7.95%，略高于全部功能区112.31万元/人的平均水平。文化休闲、文化交易、传媒影视、出版发行和设计服务五大板块的劳动生产率分别达到143.92万元/人、135.44万元/人、127.24万元/人、120.45万元/人和114.78万元/人，均高于功能区平均水平，其中文化休闲板块劳动生产率居两条主线和七大板块第一位。从各板块劳动生产率增长态势来看，文化休闲、传媒影视、文化艺术、设计服务四个板块劳动生产率均实现了显著增长。（详见表4－4）

表 4－4　七大板块从业人员平均营业收入情况　　单位：万元/人

板块名称	2015 年	2014 年	同比变化
文化休闲板块	143.92	124.67	15.44%
文化交易板块	135.44	146.24	－7.39%
传媒影视板块	127.24	112.2	13.40%
出版发行板块	120.45	121.52	－0.88%
设计服务板块	114.78	108.75	5.54%
文化艺术板块	97.84	83.72	16.87%
会展活动板块	64.86	69.91	－7.22%
七大板块平均水平	112.43	104.15	7.95%

四、“3＋3＋X”产业分布情况

（一）融合业态类功能区集约化特征凸显

从营业收入总额来看，2015 年，融合业态类功能区营业收入达到 6288.33 亿元，同比增长 12.48%；融合业态类功能区营业收入占全部功能区的比重为 69.45%，比 2014 年提高约 1 个百分点，持续稳居三大类别之首，显著发挥了融合业态对文化创意产业发展的主力军作用。从土地产出率来看，2015 年融合业态、优势行业和传统行业三类功能区分别为 36.22 亿元/平方公里、10.01 亿元/平方公里和 9.96 亿元/平方公里，土地产出率相差较大。[①] 与传统行业和优势行业相比，融合业态土地产出率和集约化发展程度更高。

（二）优势行业类功能区劳动生产率有待提高

2015 年，优势行业类功能区劳动生产率从 2014 年的 90.33 万元/人降至 88.69 万元/人，同比降低 1.85%；而同期传统行业、融合业态类功能区劳动生产率分别为 122.91 万元/人和 113.25 万元/人，同比分别增长

① 在融合业态类功能区中不含历史文化和生态旅游功能区。

11.47%、6.22%，在总量和增幅上均明显优于优势行业，广告会展、艺术品交易、设计服务三大优势行业的发展潜力和后劲有待进一步激发。（详见表4－5）

表4－5　三大业态营业收入情况

业态	营业收入（亿元）	土地产出率（亿元/平方公里）	劳动生产率（万元/人）
传统行业	1941.07	9.96	122.91
优势行业	824.45	10.01	88.69
融合业态	6288.33	3736.12	113.25

第二部分　建设进展篇

根据《规划》，功能区重点打造“两条主线带动、七大板块支撑”的产业支撑体系，每个主线和板块分别包含了 1 个或多个功能区，不同功能区建设发展既有共性特征，也有个性特色。2015 年，北京市 20 个功能区加快推进了文化创意产业业态创新、内容创作、要素引进、平台搭建、品牌塑造、国际合作等相关工作，各主线、板块建设取得了良好进展。通过系统调研，本篇内容对功能区 2015 年度重点项目、重大事件、创新举措、发展特色等进行综合分析，全面反映各功能区的建设进展情况，为指导功能区建设发展提供依据。

第五章 文化科技融合主线建设进展

文化科技融合主线是北京市实现文化创新和科技创新“双轮驱动”战略的主战场，是充分发挥国家级文化和科技融合示范基地作用及北京市科研资源与高新技术产业优势，提升文化创意产业增加值和成果转化率的重要载体。文化科技融合主线重点规划建设文化科技融合示范功能区和动漫网游及数字内容功能区。其中，文化科技融合示范功能区包含中关村海淀园部分区域、首钢主厂区 2 个片区，动漫网游及数字内容功能区包含中关村石景山园部分区域、中关村雍和园北区、三间房国家动漫产业基地、中国动漫游戏城 4 个片区。2015 年，两大功能区营业收入分别达到 4877. 7 亿元和 566. 5 亿元，分别同比增长 13. 8% 和 1. 1% ，文化与科技融合发展已成为推动首都文化创意产业发展的新引擎。

一、一批文化科技创新载体投入运行

2015 年，文化科技融合示范功能区和动漫网游及数字内容功能区加快建设步伐，各片区的创新孵化器、专业楼宇等产业载体不断更新，产业发展活力进一步提升。中关村雍和园片区打造了东城文化人才（国际）创业园，发布了东城文化人才评价标准，成功举办了 2015“文化 +”创业大赛投资签约活动。三间房国家动漫产业基地集聚了以动漫形象设计、动画制作、展览、媒体推广、传播和原创动漫版权交易等为特色的产业业态，其正式启用的动漫大厦成为北京首个为动漫产业个性定制的专业楼宇。北京市战略性新兴产业科技成果转化基地落户中关村石景山园片区，在引导企业加大技术研发投入、鼓励企业建立技术中心或研发中心等方面发挥了积极作用，有效推进了动漫游戏、网络游戏等文化科技融合产业的发展。首钢主厂区西十筒仓改造项目快速推进，已成为老旧厂房改造再利用的代表，让原本的“炼铁料场”变身为具有独特风貌的“创意广场”，改造后的西十筒仓区域已经成为北京冬奥组委办公区。

二、文化科技融合龙头带动显著增强

随着文化与科技的深度融合，一批文化科技融合型龙头企业快速发展。在中关村海淀园内，百度、新浪、搜狐、汉王科技、北大方正、爱国者等一大批文化与科技融合的龙头企业涌现出来，成为中国文化与科技融合的引领者。2015 年，海淀园以高新技术为支撑的文化创意项目占海淀区文化创意产业项目的 70% 以上，成为影响全球、引领全国的文化与科技融合发展示范区。中关村石景山园集聚文化科技融合企业 5300 余家，12 家企业海内外上市，搜狐畅游和华录百纳被评为“全国文化企业 30 强”，文化与科技融合龙头企业带动作用更加凸显。

三、文化科技“双创”生态持续优化

2015 年，文化科技融合主线以文化创意、科技创新为核心动力，充分发挥创新资源、创新人才优势，积极营造创新创业氛围，取得良好效果，焕发出蓬勃向上的创新创业动力。中关村海淀园以文化科技深度融合为驱动力，积极探索推动创新创业，涌现出了一批“双创”促进机构。如创业黑马集团，为创业企业提供了涵盖创业教育、创业金融和创业公关等一条龙式创业服务，旗下的黑马学院、黑马会、黑马大赛等多个业务，均已经成为具有影响力的创业服务品牌，每年深度培训孵化 300 家创业企业，进一步提升了创业创新生态链。[①] 中关村海淀园根据《海淀区文化科技园区及孵化器认定和管理办法（试行）》（海政办发〔2013〕40 号），正式认定

① I黑马，文博会主打“文化 +” 海淀成文创产业主战场 [EB/OL]. i 黑马网 . http://www.iheima.com/activity/2015/1029/152562.shtml，2015 - 10 - 29.

了 768 创意产业园和益园文化创意产业基地等一批文化科技园区孵化器以及漫游世纪孵化器、宝蓝·恩济华玉文化园、氪空间孵化器、北京影艺空间孵化器等一批文化科技孵化器，持续增强文化科技领域创新创业新动力。

2015 年，中关村石景山园创业公社联手微软打造了微软技术实践中心和石景山互联网游戏创业平台，微软中国将通过微软创新企业扶持计划、微软线上虚拟学院、MSDN 等平台，为区域内的游戏开发商提供知识分享、技能培训、免费工具、专家指导等服务。进入石景山互联网游戏创业平台的小微企业可以优先享受到微软的 Azure 云服务，包括针对游戏开发需要的服务器、带宽和存储等问题的解决方案，学习平台开设的客户端开发技术、云计算与服务器开发技术等优质课程，提高了游戏开发者和创业者的游戏开发技术水平，降低了开发成本，加快了开发进度，优化了区域动漫游戏产业发展的创新创业生态环境。平台预计每年招募 30 家优秀的手游企业入驻，将成为游戏国际化产业基地和游戏创业者乐园。

中关村雍和园北区片区搭建起文化人才高端服务平台、文化人才交流平台、文化人才创业孵化平台以及文化与资本对接平台，针对基础人才、创业人才和高端人才的不同需求，提供各具特色的服务，为文化人才创新创业提供有效支持。

四、“互联网 + 文化”发展趋势明显

随着新一代信息技术的深度变革，“互联网 + 文化”推动文化科技深度融合，新事物、新形态频现，产业发展新动能日益显现。2015 年，中关村互联网文化创意产业园（一期）正式投入运行，重点打造以新媒体文化创意产业为主导，以互联网广告与创意设计产业为支撑的多业态融合发展格局。园区围绕“互联网 + 文化”领域，集聚四大核心能力，包括自主知识产权的核心技术研发能力、平台集成与交付能力、智慧园区顶层设计能力及智慧园区的运营与服务能力，重点打造创新创业、投融资服务、成果展览交易、国际学术交流和产业研发五大平台，全面提升“互联网 + 文

化”领域的创新创业促进能力。中关村海淀园充分发挥互联网企业集聚和教育文化资源集中优势，探索创新教育服务模式，率先明确了“联盟＋园区＋平台＋基金”的发展路径，不断深化“互联网＋教育”的融合发展。中关村雍和园北区打造汤圆创作平台，建立移动互联网读写社区一体化生态，让创作者随时随地用手机创作文学内容，推动文学创作进入3.0移动创作时代。

五、文化科技融合品牌形象巩固提升

随着文化与科技融合的深度推进，新的业态、新的产业模式迭出，以中关村石景山园和中关村海淀园为代表的片区发展迅速，形成了各具特色的文化与科技融合品牌。中关村石景山园发展成为北京市重要的游戏产业集聚区，集聚1000多家国内动漫游戏企业、超过3000家的文化创意企业，被评为“中国最具影响力数字娱乐产业基地”、“中国最佳创意产业园区”等称号。[①] 搜狐畅游、完美时空、蓝港在线、久游炫耀等多个具有国际影响力的业界龙头企业纷纷在此扎营。中关村海淀园秉承“文化科技双轮驱动”的发展战略，长期探索海淀文化创意产业发展之路，突出“文化＋”新兴业态，鼓励支持各类创业、投资机构发展，打造文化创意产业融合发展新引擎，成为创新型文化与科技、金融高度融合的互联网文化创意产业基地，也是北京乃至全国的文化科技创新创业排头兵和主战场。

① 朱晨辉．“石景山园”：打下北京动漫产业半壁江山［N］．中国企业报，2016－06－28.

第六章　文化金融融合主线建设进展

金融业和文化创意产业是首都经济的两大支柱产业，推动文化创意产业与金融业强强联合、深度融合，对于激发产业发展活力，推动首都文化大发展、大繁荣意义重大。通过文化金融融合主线的建设，发挥北京全国金融机构总部优势，着力引导文化创意产业要素集聚，推动形成全国最强、世界知名的文化创意产业金融核心和总部集聚区，引导和服务功能区发展。文化金融融合功能区包括金融街片区和中关村雍和园南区 2 个片区，2015 年功能区营业收入达到 592.1 亿元，同比增长 15.2%，成为带动全市文化创意产业发展的重要力量。

一、央地文化金融合作工作持续深化

2015 年，市文资办在与中国人民银行营业管理部签订《文化金融战略合作协议》的基础上，与东城区人民政府启动了“文化金融合作试验区”创建工作。重点以中关村雍和园南片区为依托，努力搭建金融机构与文化创意企业对接、文化创意项目孵化、文化创意企业信用评估、文化要素配置、文化金融人才集聚、文化金融信息传播等六大平台，开展行业信用体系建设试点，探索文化创意企业信用贷款的融资新模式，推动文化融资担保、文化融资租赁、文化小额贷款、文化投资基金、文化信托、文化保险、文化银行等产业的集聚发展。①

① 曹阳．人行营管部与北京市文资办合力助推北京文化金融发展［N］．金融时报，2014－05－09.

二、文化产业的投融资体系不断健全

为解决首都文化创意企业融资难的问题，推动文化与资本对接，2015年市文资办持续创新文化投融资服务体系，进一步推动了信贷、担保、基金、融资租赁等文化创意产业投融资体系的布局建设。

2015年，市文资办为北京市文化投资发展集团有限责任公司（简称“市文投集团”）[①] 增资17.6539亿元，市文投集团为二级子公司注资14.2789亿元，成立了文资控股、影都文投、产权交易中心、文化中心建设发展基金管理公司、文化产业服务公司、歌华文投、大数据公司等二级企业。其中，文化中心建设发展基金管理公司发起设立的“北京市文化中心建设发展基金”重点投资于功能区建设项目、文化产权交易市场建设项目、国有文化企业并购重组项目，以及优秀的市场项目和创投项目等，为功能区建设增添了资金来源。

市文资办与北京银行签署全面战略合作协议，加大了在文化创意产业投融资服务领域的合作。由北京银行为市文投集团子公司北京市文化科技融资租赁公司（以下简称“文化融资租赁公司”）提供20亿元授信额度，与文化产业基金合作开展并购贷款及投贷联动金融服务，与市文投集团子公司北京市文化科技融资担保有限公司（以下简称“文化科技担保公司”）深化版权等知识产权融资合作。根据协议，未来3年，北京银行将为北京市文化创意企业提供不低于人民币800亿元的意向性授信，确保每年文化金融贷款额不低于上一年度，文化金融贷款增速不低于全部贷款平均增速。

在市文资办的推动下，市文投集团与北京住总集团签署战略合作协议，充分发挥市文投集团在京文化创意产业投融资载体和经营主体优势，以及北京住总集团在开发、建设和存量土地房屋资源的优势，联手开展文

① 北京市政府授权市文资办出资设立北京市文化投资发展集团有限责任公司（简称“文投集团”），履行政府文化投资职责，旨在打造成为北京文化投融资领域的最大平台。

化创意产业园区建设、土地房屋资产业态更新迭代、文化创意产业投资与运营等业务。目前，双方公司已初步确定北京怀柔区影视产业制片人总部基地和北京市朝阳十里堡国家文化产业创新试验区两大合作项目，打造“低人口密度、高产业聚集”的新型文化创意产业园区。①

三、北京文化产权交易中心挂牌成立

2015 年，在文化金融融合功能区内，市文资办与东城区人民政府签订全面战略合作协议，北京文化产权交易中心（以下简称“北文中心”）在东城区挂牌成立。北文中心以“文化对接金融、交易提升价值”为经营理念，通过建立文化领域多层次资本市场和金融服务体系，建设整合文化产权要素、资源交易服务的综合性、标准化文化产权交易平台。未来，文化金融融合功能区将以北文中心为核心，搭建首都文化要素市场体系，推动文化担保机构等文化金融企业和文化咨询顾问、资产评估、经纪代理、法律服务等中介服务机构进一步集聚。

北文中心致力于打造文化产权交易、文化产业“互联网 +”投融资、文化企业孵化、文化产权登记托管保护和文化产权信息发布等五大平台，将有助于促进首都文化产权有序流转，减少流转信息不对称，保护文化产权交易相关人合法权益。除了为文化创意企业改制、重组、并购提供交易见证、登记、过户、版权保护等常规服务外，北文中心更强化了“文化 + 金融 + 互联网”方式，打造推进文化创新创业的新平台。一方面，推动文化艺术品资产证券化、推出互联网文化众筹、与银行合作发行文化金融理财产品、发布文化金融指数等，推动京津冀文化产权交易一体化平台建设；另一方面，创新文化产业无形资产评估方式，简化文化产权交易、评估、认证程序，为文化创意企业提供高效服务。

① 北京住总与文投集团将合作建设文创产业项目［EB/OL］. 观点地产网 . http: //www. guandian. cn/article/20150804/163628. html, 2015 - 08 - 04.

四、众多文化金融创新产品成功推出

为促进文化创意产业融资，北京市文化金融机构积极探索实施普惠贷款、信用贷款、质押融资等新型特色化文化金融产品。针对文化创意企业的普遍贷款需求，北京银行推出“文创普惠贷”新产品，重点为国家文化产业创新实验区内注册的文化创意企业、国家级及省市级文化创意产业集聚区内的文化创意企业、各地文化创意重点孵化器内的文化创意企业以及各级文化创意主管部门重点扶持的文化创意企业提供普惠支持。该产品具有六大特点：一是广泛覆盖，最少提供10万元贷款；二是期限灵活，最长2年授信贷款支持；三是模式多样，可提供单笔或授信融资；四是审批高效，采取打分卡制表单审批；五是放款快捷，网银自主提款随借随还；六是担保创新，信用反担保为企业增信，为文化创意企业提供了更便利、更快捷的融资服务。①

针对小微文化创意企业孵化融资，2015年，北京银行与北京文化创新工场、文化科技担保公司签署“孵化小微文创企业”三方合作协议，联合推出“文创信保贷”新产品。该产品无需提供抵质押物，且审批流程快，通过三方建立“绿色审批通道”的高效协作机制，将从银行下户到批单全程缩短为一个月。2015年，累计200万元的“文创信保贷”成功落地北京文化创新工场。②

针对艺术品融资的确权、确真、确值等难题，文化科技担保公司创新探索实施了现代油画质押融资模式。③ 由文化科技担保公司通过甄选和引进艺术品交易、版权交易、产权交易、拍卖、评估、保险等领域龙头机构，打造集艺术品鉴定、评估、保管、保险、处置、回购等为一体的“一站式服务”，较好地解决了艺术品作为质押物的真赝鉴定、价值评估、产

---

① 赵青，等．北京银行推出文创普惠贷产品扶持初创型文创企业［EB/OL］．人民网．http：//bj.people.com.cn/n/2015/1029/c82838－26965096.html，2015－04－17.

② 杜冰．北京市银行文化金融：为创意添动力［N］．金融时报，2015－04－17.

③ 一幅现代油画质押融资2000万［N］．北京日报，2015－07－25.

权交易等问题，显著降低了融资过程中的交易成本与信息成本。2015 年 7 月，文化科技担保公司创新艺术品质押融资模式，为某幅名画融资 2000 万元，标志着文化科技担保公司在艺术品融资创新上取得突破性进展，并将其进一步拓展到 798 时尚创意功能区，推出“798 画廊通”，提高了艺术品融资便捷水平。

在文化与互联网、金融深度融合趋势下，众筹融资模式进一步扩展到艺术、影视、音乐、出版等领域，如追梦网、众筹网等平台启动了文化、科技、公益、影视等领域的融资服务，文化众筹融资模式已经成为被广泛认可的文化创意产业融资模式。

第七章 文化艺术板块建设进展

文化艺术板块依托北京市艺术、人才和历史文化等资源优势，遵循文化艺术创作市场规律，着力完善文化艺术上、中、下游完整产业链，打造集艺术创作、展示交流、产权保护与交易为一体的产业化平台。文化艺术板块包括天坛—天桥核心演艺功能区、戏曲文化艺术功能区、798 时尚创意功能区和音乐产业功能区共 4 个功能区（含 10 个片区），通过功能区建设，加快培育文化消费市场，推动全市文化艺术及时尚创意氛围全面提升。2015 年，4 个功能区营业收入分别达到 48.3 亿元、4.6 亿元、115.1 亿元和 3.3 亿元，其中戏曲文化艺术和 798 时尚创意功能区同比分别增长 60.2% 和 17.1%，增长速度较快。

一、一批重点文化艺术中心投入使用

天桥艺术中心是天桥演艺区的核心区，于 2015 年正式建成并投入使用，成为激发区域文化消费、提升文化艺术产业的重要载体。天桥艺术中心建有 1 个容纳 1600 座、具有国际水准、以音乐剧为主的大型剧场，1 个中型戏剧场，1 个小剧场和 1 个多功能厅。[①] 其中，大剧场是北京城第一座音乐剧专业剧场，未来将以国内外音乐剧演出为主，辅以综艺晚会、话剧、舞剧、小型演唱会、芭蕾等演出。随着艺术中心一起投入使用的天桥市民广场，是街头文化展览、演艺展示、艺术交流和户外多形式的展演平台，也承担天桥艺术中心观众和地铁 8 号线客流的疏散功能。为支持青年

---

① 龙露．天桥艺术中心 11 月 20 日亮相［N］．北京晚报，2015-10-27.

艺术家和原创作品，天桥艺术中心启动了驻场艺术家计划，为其提供排练场、剧本辅导等服务。为持续提升影响力，天桥艺术中心联合天桥演艺联盟推出每周艺聚、行业高峰论坛、文化庙会等活动，成为文化艺术新风向标。

798 时尚创意功能区积极引进国外优秀文化艺术机构入驻，经过多年发展已经成为国际知名的文化创意产业集聚区。2015 年，代表所在国家艺术领域顶级水平的丹麦文化中心、德国文化中心·歌德学院、以色列文化中心三家国家级文化艺术中心入驻 798 时尚创意功能区，将其文化精品搬到了中国。[①] 未来，丹麦文化中心将打造成两国文化艺术合作的“发电站”，持续展示丹麦艺术之最，包括丹麦童话、文学、视觉艺术、设计、文物、舞蹈、音乐、电影等。德国文化中心·歌德学院今后将重点展示建筑设计、古典绘画等高端艺术。以色列文化中心将保留原有艺术咖啡店环境，主要打造戏剧、图书、舞蹈在内的文化艺术氛围。

二、系列文化艺术精品演出圆满成功

2015 年 9 月，为传承中华戏曲文化传统，“2015 丰台戏曲文化嘉年华”在北京万芳亭公园拉开帷幕。“梨园大舞台、戏曲零距离、赏名家名段、品戏韵万千”等主题活动先后精彩上演，吸引了众多市民参与。戏曲文化嘉年华为戏曲爱好者搭建展现才华、享受戏曲文化的舞台，以寓教于乐的形式对传统戏曲、传统文化的继承与发扬做出贡献，也充分提升了戏曲文化艺术功能区的品牌影响力和辐射带动力，成为功能区文化艺术板块的一个特色品牌。

2015 年 9 月至 10 月，以“艺象·互联”为主题的“北京 798 艺术节”在 798 时尚创意功能区顺利举办。798 艺术节汇聚了主题系列展、同盟系列展、雕塑展、特别展、戏剧演出等在内的十大项近百小项艺术活动，并首次推出“指间互联”798 多彩摄影大赛、第三届全国青年创意大赛等活

① 陈涛. 798 连迎欧亚三国艺术文化中心入驻［N］. 北京日报，2015－01－15.

动，成功打造时尚创意高地。同时，798 艺术节通过开办创意市集，展览特色创意作品，进一步活跃了文化消费氛围。

2015 年 5 月，以户外草地音乐为特色的第四届中国乐谷国际流行音乐季成功举办。音乐季已成为重大音乐赛事举办、音乐人与音乐爱好者交流合作、普通市民休闲娱乐的重要平台，并顺利实现了由政府主管向企业化运作、市场化运营模式转变。九棵树地区作为以北京现代音乐研修学院为核心的音乐人生活群落和数字音乐集散地，多年来连续举办九棵树数字音乐节、北京现代国际鼓手节等活动，不仅提升了九棵树园区的品牌形象，而且成为向其他音乐园区、音乐企业输送优秀原创作品和音乐创作人的重要平台。

三、文化演艺产业组织创新力度加大

作为首都的传统优势产业，演艺产业近年来得到了政府、企业集团、金融机构、中介服务机构等多方关注和支持。天坛—天桥核心演艺功能区采用政府引导、社会投资、市场运作的建设模式，吸引了港中旅、金融街控股等大型企业支持，努力实现高标准规划设计、高质量建设、高水平运营。2015 年 5 月，北京天桥演艺联盟正式成立，通过整合文化演艺优势资源，积极扶持原创剧目，定期举行演艺行业研讨、沙龙等活动，拓展优秀剧目输出、交易渠道，搭建了行业组织内部的交流合作渠道。西城区人民政府与国家大剧院、中国对外文化集团、北京人艺等 19 家在京演艺团体签署战略合作协议，围绕演艺区剧院建设和行业发展、演艺区剧目创作和剧目推广、演艺产业相关高端要素资源与核心业务引进，以及重大文化创意产业项目配套政策等方面，开展全方位立体式合作，建立长效促进机制，推动文化演艺产业加速发展。

四、一批文化艺术服务平台相继建成

经过近两年的集中改造升级，国家音乐产业基地中唱园区的科技化、数字化发展模式进一步凸显，音乐产业的数字化发展进程进一步加快，音乐产业和科技融合业态逐步显现。中唱园区建成一批设备先进、技术领先的录音棚、音视频工作室、数字化工作室，以及具备海量存储空间的数字音乐数据库和媒资管理系统，引进了九紫天诚、京文唱片、兰德教育等高精尖企业，实现了先进音视频技术、专业技术人才和龙头企业的集聚，初步形成了包括音乐录制、影视制作、演出演艺、网络教育、新媒体等内容的音乐产业链体系。中唱园区充分利用高端介质技术优势和海量珍贵版权资源优势，制作出版不同风格的典藏级唱片，致力于打造唱片领域的高端品牌。

音乐产业功能区创新实施了版权融资、互联网众筹等一系列音乐产业融资模式，缓解了制约音乐产业发展的融资问题。在版权融资方面，功能区推动音乐剧《昆仑神话》实施中国国际版权交易中心认证，获得国内最高的音乐剧版权估值。为满足音乐产业个性化线下消费需求和解决独立音乐人创作难题，功能区成立服务独立音乐人的众筹服务平台，创新采用众筹模式举办音乐会，探索开展多元化的“互联网 + 音乐”众筹模式，解决独立音乐人创作资金不足、营销渠道缺乏和音乐节举办等难题。

2015 年，“中国戏曲文化数字平台”项目获批文化部国家特色文化产业重点项目。该平台以戏曲美术中的脸谱、服装头饰和道具数字化、戏曲知识、文化、人才等内容数字化为核心，强化对视频播放、图片鉴赏、戏曲搜索、戏曲百科、个人戏曲、戏曲论坛等的有效聚合，积极开展戏曲衍生品创意设计等线上和线下专题活动，构建了以用户体验为中心的戏曲文化数字化平台，促进戏曲艺术数字化发展。

五、专业人才合作培养机制建立健全

北京市文化艺术教育资源丰富，随着区域协同发展战略的实施，借助文化艺术领域高等院校的影响力，功能区强化和推动了高校之间以及高校与院团之间在专业文化艺术人才队伍培养方面的合作。中国戏曲学院与安徽黄梅戏艺术职业学院联合办学建立生源基地和教学实践基地，与北京演艺集团合作共建戏曲教学实践研究基地，与山西演艺集团开展人才培养战略合作。中央芭蕾舞团与北京戏曲艺术职业学院合作办学，共同举办“中央芭蕾舞团学员班”，定向培养高精尖、具有综合表演素质的芭蕾人才，以满足剧团人才梯队建设的需要。

第八章 传媒影视板块建设进展

传媒影视板块主要依托北京传媒和影视产业在全国的核心地位，进一步强化影视产品、渠道、人才、技术等资源优势，着力建设 CBD—定福庄国际传媒产业走廊功能区、影视产业功能区和新媒体产业功能区三大功能区，助力北京建设具有世界影响力的信息传播枢纽城市和影视产品制作中心。CBD—定福庄国际传媒产业走廊功能区是内含多园的单一片区，影视产业功能区包含北影和新影集团厂区、中国（怀柔）影视产业示范区、星光影视园 3 个片区，新媒体产业功能区包含国家新媒体产业基地、中关村电子城西区和北区、垡头产业基地、北京数字电视产业园 4 个片区。2015 年，三大功能区营业收入分别达到 1127.1 亿元、139.8 亿元和 204.3 亿元，同比分别增长 12.8%、16.7% 和 57.4%，呈现高速增长态势。

一、文化产业创新实验工作扎实开展

以 CBD—定福庄国际传媒产业走廊功能区的 78 平方公里为空间载体，文化部于 2014 年 7 月 31 日批复设立了国家文化产业创新实验区（以下简称“实验区”）。实验区以文化产业改革探索区、文化经济政策先行区和产业融合发展示范区为建设目标，分为核心承载区、辐射带动区和协同发展区三个圈层逐步推进，率先推动国家各项文化产业政策在实验区先行先试。

2015 年，实验区坚持文化创意产业高端化发展战略，聚焦高端产业、高端环节、高端功能，强化产业准入制度，强化文化、金融、科技创新资源集聚，推进文化创意产业高端定位、高端发展。在聚焦高端产业上，重点发展文化传媒、广告会展、设计创意等优势产业，大力引进基于互联网、云计算、大数据的移动新媒体，数字文化产业等新兴产业。在聚焦高端环节上，重点培育内容原创、技术研发、投资交易、消费体验等产业环节。在聚焦高端功能上，着力完善高端人才培养、信息传播、文化贸易、国际交流等功能。目前，依托转型升级的有齿轮场品牌创业文化园、ideapark 铭基国际创意公园、华膳园国际传媒文化产业园、塞隆国际文化创意园、半壁店 1 号文化产业园等十个文化产业园区（基地），实验区已集聚 2 万余家文化创意企业。①

二、国家级影视产业示范区正式揭牌

2015 年 4 月 16 日，位于北京市怀柔区的中国（怀柔）影视产业示范区正式揭牌，示范区规划总面积 18 平方公里，分为核心区和拓展区，其中核心区以国家中影数字制作基地为中心，规划 5. 6 平方公里；拓展区辐射到北房、庙城等镇部分区域，作为产业发展预留空间。中国（怀柔）影视产业示范区成立后，积极争取国家和北京市支持，建设集拍摄制作、投资策划、交易发行、旅游演艺、广告会展、衍生品开发及餐饮居住、教育培训、商贸金融等“产业链条完整、关联企业集聚、综合服务齐全”的影视文化新城，打造国际高端水平、综合竞争力强的国家级影视产业示范区。

截至 2015 年底，核心区已累计完成投资近 55 亿元，中影基地、星美今晟影视城、国际影人酒店、百汇演艺学校、老爷车博物馆等项目建成投入使用，金第公司制片人总部基地、光华影业园等项目加快建设；中影基地二期、博纳影业集团怀柔总部基地等项目即将启动建设。示范区集聚了中影、星美、华谊、海润、博纳等 400 余家影视龙头企业，具备了引领全国影视产业发展的后期制作能力，承办了北京国际电影节、北京电视节目交易会等影视品牌活动，接待剧组拍摄的影视作品达 2000 部，全年 47 部票房过亿

① 王伟，马北北．疏解非首都功能 聚焦“高精尖”产业［EB/OL］．中青在线．http：//news. cyol. com/content/2015 - 10/29/content_ 11763800. htm，2015 - 10 - 29.

的国产影片中有近半数出自怀柔，怀柔区“中国影都”品牌凸显。①

在影视产业示范区的管理体制机制上，示范区呈现体制内外互补、政府市场联动的发展新格局。影都文化投资发展有限公司被选作建设发展示范区的重要平台运营公司，通过市场化的方式，积极推动影视示范区基础设施建设，着力开展产业资源整合，系统提升中国影都的国际影响。从中国（怀柔）影视产业示范区建设管理市区联席会议，到北京怀柔国家影视产业示范区管理办公室，再到影都文化投资发展有限公司，纵向管理格局不断深化调整，助推示范区快速发展。

三、传媒影视产业金融创新硕果累累

2015 年 9 月，实验区与北京银行合作，签署《关于国家文化产业创新实验区文化金融服务全面战略合作协议》，未来五年内，北京银行将提供不少于 1000 亿元意向性授信，全面支持实验区内文化创意企业升级发展。② 2015 年 10 月，北京银行为其红星支行、大望路支行授牌成立“北京银行国家文化产业创新实验区金融服务中心”。金融服务中心针对重点合作的文化创意中小企业推出一站式的金融服务方案，围绕企业不同发展阶段特点，推出基础结算服务、授信融资服务、外汇业务服务、员工增值服务四大基础服务，推出资金管理专案、财务顾问专案、供应链业务专案、理财规划专案、债券承销专案、上市服务专案、私人银行专案、高端信用卡专案等八大升级专案，为实验区内文化创意企业提供更加便捷、快速、高效的金融服务。2015 年，金融服务中心率先推出文创普惠贷，与实验区内 4 家文化创意企业签订“文创普惠贷”贷款协议。

位于北影、新影集团厂区的中央新影集团，近年来努力探索文化创意产业和金融产业的融合发展新模式。2015 年 1 月，中央新影集团、中央新影纪录电影基金管委会推出中央新影纪录电影基金，旨在扶持优秀一流的

---

① 怀柔文促中心．中国（怀柔）影视产业示范区简介［EB/OL］. http：//www. cmc. gov. cn/cms/a/jidijieshao/jidijianjie/2011/0923/1815. html，2016－06－07.

② 刘雪玉．京津冀文化产业发展联盟将成立［N］. 京华时报，2015－09－20.

纪录片创意，打造高质量的、国际化的纪录电影，是推动影视与金融业态融合的重要举措。2015 年 4 月，中央新影集团与平安财产保险签署战略合作协议，双方正式开启完片保险合作。[①] 完片保险作为一款保险产品，主要承保拍摄电影过程中由于自然灾害、意外事故等原因，如主演人身意外伤害、拍摄道具损坏等导致的影片无法继续拍摄产生的损失，为快速发展的中国电影业提供了一个更为健康的电影投资、制作、发行全过程金融保障机制。中央新影集团与融资城网络签约推进战略合作，搭建互联网金融服务系统和运营网络服务系统，有效缓解影视行业融资难题，促进文化创意产业的对外输出和交流，促进影视文化创意产业的快速发展。

四、老旧基地“腾笼换鸟”成效显著

国家新媒体产业基地“腾笼换鸟”发展文化创意产业成效显著，自 2013 年 7 月启动搬迁腾退工作以来，累计拆除地上物及违章建筑面积约 45 万平方米，腾退规模以上企业 68 家，为高精尖替代产业发展提供了空间保障。位于基地内的华商创意中心，将老旧工业厂房改造升级为楼宇孵化器，通过搭建公共技术服务平台和公共服务孵化平台，加速电商企业集聚，被定为“北京市电子商务中心示范区”起步区。截至 2015 年底，园区共有文化创意类企业 90 余家，包括文化创意基金管理公司 8 家，小笨鸟跨境电子商务、易时互动、北京果乐乐科技等电子商务企业 10 家，文化创意产业集群初具雏形。

2015 年，实验区研究制定新增文化创意产业（行业）发展指导目录，做好功能区文化创意产业的“高精尖”准入管理。在路径上，实验区持续推进国有企业、农村地区的创意升级改造，通过老旧工业厂房、传统商业设施、有形市场改造升级和农村集体发展高端产业项目等四种方式，持续推进非首都功能疏解、新增产业用地控制和加快发展高精尖文化创意产业。借鉴先期推进 20 个国有企业转型升级打造特色文化创意产业园的经

① 郭家轩．平安产险携手电影业首推“完片保险”［N］．南方日报（广州），2015－04－27．

验，实验区持续推动功能区内东部区域国有企业加快转型升级。充分借鉴北京国家广告产业园、国家音乐文化产业基地等国家级文化产业基地落户农村地区的经验，实验区继续加快引进适合园区定位的文化创意产业项目，积极疏解腾退东郊低级次的有形市场。

五、新媒体功能区配套环境优化改善

新媒体产业功能区的北京数字电视产业园位于北京经济技术开发区内，是重点打造“文化+装备”的文化创意产业园。园区为企业量身制定标准厂房，建设总建筑面积约30万平方米的数字电视产业园配套工业厂房基地，满足企业研发、生产、运营、办公等需求。园区依托开发区引进越海和万达两大物流公司，提供以国内物流为主、国际物流为辅的一体化供应链服务。园区依托中国云视听产业联盟，打造云视听创新中心，面向云视听领域内的科技型中小企业提供完备的企业孵化服务，为中小企业提供投融资、人才培训、知识产权保护等专业性服务，推动中小企业做大做强。下一步，数字电视产业园将重点打造数字电视产业园展示体验中心，举办大型数字电视国际会议、商务研讨会、座谈会、展览会等活动，加快园区商业和生活配套服务，进一步提升园区服务环境。

新媒体产业功能区内的国家新媒体产业基地“腾笼换鸟”后，实施“美丽园区”环境升级改造、文化创新氛围提升、亮化美化等工程，建设企业文化广场、改造公交站亭、设置创意小品，融合声、光、电等手段，打造一步一景、一街一品的园区环境。基地着力打造新媒体产业孵化科技条件平台，通过整合基地内产、学、研等相关产业要素资源，强化对中小型文化创意企业的公共技术服务，持续推动新媒体产业创新发展。目前，国家新媒体产业基地形成了具有15家孵化器、60万平方米孵化面积的孵化集群。其中占地上千平方米的创e咖啡厅，目前已经成为集共享办公、信息交流、项目路演、投融资服务以及创业指导等功能于一体的创新型创业孵化服务平台。

第九章 出版发行板块建设进展

出版发行板块依托北京出版业传统优势地位，通过集聚国内外原创作品、数字出版、绿色印刷等相关资源，大力推动出版行业与信息技术融合发展，加快传统印刷出版行业转型升级。出版发行功能区是该板块的唯一一个功能区，包括中国北京出版创意产业园（西城）、朝内大街区域（东城）、北京国家数字出版基地（丰台）、北京台湖出版物会展贸易中心（通州）、中国北京出版创意产业基地（南磨房）、北京印刷包装产业基地（大兴）和雅昌印刷标准化（胶印）技术应用研究与推广基地（顺义）7个片区。2015年，出版发行功能区以推动转型、升级业态、提升品牌为核心，积极推动传统出版和数字出版产业融合发展，功能区营业收入达到298.6亿元。

一、一批基础设施建设项目启动建设

为解决传统图书出版行业审批环节复杂、出版标准不统一、占用空间大、成本高等问题，北京国家数字出版基地围绕电子图书、数字报刊、数字音乐、视频、网游动漫等细分领域，启动全产业链建设，着力打造集数字出版、创意策划、数字内容加工生产、数字出版平台运营、技术研发、人才培训、版权贸易和投融资服务于一体的数字出版基地。① 2015年北京国家数字出版基地启动5万平方米项目建设，预计投资11亿元。基地以产业运营为核心，以城市开发为基础，以金融投资和产业研究为驱动，整合

① 崔国强．北京国家数字出版基地：精耕数字化转型［N］．经济日报，2015－10－08.

全球资源，构建版权、内容、技术、标准、资金、渠道等关键环节，完善行业生态系统，占领行业市场制高点和技术制高点，成为行业重要国际会议举办地和国际标准及相关组织所在地。基地以先期启动的 1 万平方米先导区为载体，大力引进数字出版产业各细分领域具有成长性的企业以及平台项目入驻，打造国家数字出版的示范基地。截至 2015 年底，先导区完成 11 家企业注册，正在办理 4 家企业注册，12 家企业有入驻意向。入驻企业包括汉典国际文化传媒（北京）有限公司、北京九映数字科技公司、北京尚如堂国际文物艺术品投资有限公司、北京吉力创业投资合伙企业等。①

中国北京出版创意产业基地（南磨房）是中国北京出版创意产业园区（出版发行功能区中关村德胜园部分区域）的功能拓展区，2015 年 12 月，基地 A 区项目在朝阳区南磨房开工奠基。基地 A 区项目建成后，将以原创为主、内容为王，先期搭建出版创意产业企业总部基地、出版（版权）创意产业要素交易经纪、创意发展成果展示、原创文化创意内容研发孵化、人才培训教育、出版公共政策和技术服务、出版前沿信息发布七大运营平台，在顶层设计、核心内容、核心产业、量级企业、不同层面协调运行发挥集聚作用，成为国内领先的出版创意产业新型基地和发展引领示范区。基地 A 区项目建成投入运行后，计划引进高端、规模出版企业和与出版（版权）相关的文化、传媒及科技、金融类总部企业 200 余家，可实现年交易额不低于 500 亿元和年纳税额不低于 30 亿元。②

二、出版发行行业的数字化转型加速

中国北京出版创意产业园区的中天闻数媒基于互联网技术、云计算、大数据等先进技术，创新性地打造了“平台 + 内容 + 应用 + 终端”的互联

① 李婧璇，王坤宁．北京国家数字出版基地——“互联网 +”时代促进产业深度融合［EB/OL］．中国新闻出版广电网．http：//www.chinaxwcb.com/2015-12/01/content_330223.htm.

② 南磨房乡举行中国出版创意产业基地 A 区项目奠基仪式［EB/OL］．朝阳区人民政府网站．http：//www.bjchy.gov.cn/dynamic/jxdt/8a24fe8351671bc001517a81dcdc0126.html，2015-12-07.

网教育生态运营模式，构建了以“CCE 云课堂”、“智慧校园”、“区域云”为核心的三级产品体系，率先实现了“互联网 + 教育”的商业运作模式，并成功将产品推广至全国 16 省 87 个市县。中天闻数媒建设了国家公共文化数字支撑平台、融媒体在线学习平台、融媒体知识服务平台、融媒体数字阅读平台及媒体大数据运营平台等支撑平台，有力推动了产业创新融合发展。

雅昌基地是全国首个“中国印刷标准化（胶印）技术应用研究与推广基地”，在多年的数字化转型过程中，以艺术服务为定位，以艺术品印刷为基础，以中国艺术品数据库为核心，率先在全国建立新的资产信息平台——雅昌艺术网，将传统印刷行业变成以艺术品数字资产为核心的文化产业，实现了从加工到制造再到创作的蜕变和升级。在转型过程中，雅昌坚持专业化、高标准，从材料控制到内部研发到印刷的全流程均制定并执行高于国际标准的指导标准，坚持新工艺、新技术和新材料的研发应用，坚持与 IT 技术和互联网融合，成功创新实施了“传统印刷 + 现代 IT 技术 + 文化艺术”的商业模式，推动印刷业大焕光彩。2015 年 9 月在全球第 66 届美国印刷大奖评选上，雅昌以卓越的工匠精神，代表印刷术的发源地再次登顶世界印刷之巅，荣获 53 项大奖，获奖总数和冠军总数均创历史新高。①

位于中国北京出版创意产业园区的龙源数字传媒集团通过聚合优质版权内容，采用先进的数字化和移动互联网技术，在数字版权、品牌建设、市场布局、特许资质等方面打下了坚实的基础，推出一系列智能化、个性化的知识产品，打造优质内容的数字化传播体系。未来，龙源数媒将借助新三板的资本平台开始规模化发展，专注于数字出版、数字教育、大众数字阅读领域精耕细作，利用新一代的优质内容出版技术和聚合模式打造数字文化城市的“三终端四平台”，在公共文化服务、教育领域和大众阅读

① 2015 美国印制大奖雅昌以工匠精神享誉全球［EB/OL］. 科印网 . http：//www. keyin. cn/news/zhhd/201509/15 – 1087644. shtml，2015 – 09 – 15.

领域提供数字化知识服务和增值服务，构建新一代的文化传播和阅读服务体系。①

三、专业化服务平台影响力持续提升

中国北京出版创意产业园区（出版发行功能区中关村德胜园部分区域）成立北京联合出版有限责任公司，为民营文化创意企业、科技型企业和创业企业发展提供了选题、审读、书号出版、印刷、发行、整体运营等全流程服务，实现了对出版资源配置、公共服务运营管理等多种功能的一体化服务，成功推动园区出版发行产业快速发展。2015 年，北京联合出版有限公司与北京时代华语图书股份有限公司联合设立北京华语联合出版有限责任公司，正式获得了国家新闻出版广电总局的对外专项出版权批复，成为国内首家获得对外专项出版权的非公有制文化创意企业，在我国出版史上具有里程碑意义。目前，入园企业达 50 余家，园区出版平台已累计出版图书近万种，2015 年通过园区出版平台出版的图书综合市场占有率居全国第一位。②

北京台湖出版物会展贸易中心是目前国内最大的出版物集散平台，是一个集出版物交易展示、行业信息交互、行业发展交流、爱国教育等多功能于一体的现代化大型出版物集散中心，被称为图书文化创意产业的大型“航母”。2015 年，北京台湖全国社科图书订货会顺利举办，搭建了多元化互动通道，举办多场丰富的图书推介活动，会上百余家重点社科图书出版社集中展销涵盖数万种最新社科精品图书在内的 60 余万种中外文出版物。

四、国际交流交易合作力度逐步加大

作为北京市属唯一的图书进出口公司，北京发行集团下属北京市图书

---

① 三终端四平台：龙源全民数字阅读平台文博会精彩亮相［EB/OL］. 全球期刊门户 . http: //www. qikan. org/Article/10723. html，2015 －05 －19.

② 北京出版创意产业园区企业首获对外专项出版权［EB/OL］. 中国包装网 . http: //news. pack. cn/show －276144. html，2015 －06 －10.

进出口有限公司不断强化与国外众多知名出版集团的合作，扩充引进外文原版教材教辅品种，加强国内优秀出版书目的国际推广，推进国际出版的“引进与出口”双向合作。依托在北京台湖出版物会展贸易中心设置的国内唯一的进口外文原版出版物展示展销大厅，北京市图书进出口有限公司经营来自国外48家出版集团、数百家出版社的外文原版出版物，为全国各类企业和书店提供强大的外文原版出版物资源。2015年，第四届“北京台湖国际教育图书展”成功举办，18家世界著名教育出版集团参展，参展品种覆盖幼儿园到高中各个年龄段的教材教辅和原版读物，台湖国际教育图书展成为业内外公认的国际教育图书专业品牌展会。展会现场推出定向推荐、现场订购、出单结算等“一站式”接待交易模式，开展原版教材推介和教研培训、国外优秀教育资源推介等活动，吸引知名国际学校和大型培训机构积极采购合作，全面提升了国际教育图书领域的高端品牌形象。

第十章 设计服务板块建设进展

设计服务板块依托北京设计之都的企业、人才和资源优势，进一步巩固北京在工业设计、建筑设计、创意艺术设计、服装设计等方面的竞争优势和市场地位，着力推进文化创意和设计服务与相关产业融合发展。创意设计服务功能区是设计服务板块唯一一个功能区，分为西城中关村德胜园部分区域、展览路周边区域、东城北京（永外）时尚创意产业基地、大兴中国设计瑰谷、中关村石景山园设计组团和丰台区大红门周边区域6个片区。2015年，创意设计服务功能区以辐射引领发展、加强业态融合、举办国际活动等为主线，着力提升创意设计服务产业的发展深度和广度。2015年，创意设计服务功能区营业收入达到412.3亿元。

一、创意设计公共服务平台持续完善

北京DRC工业设计创意产业基地和北京设计之都大厦是创意设计服务功能区内中关村德胜园部分区域的核心部分，该片区目前已进入相对成熟阶段，产业发展势头强劲，产业引领作用凸显。北京DRC工业设计创意产业基地全力打造了DRC创億梦工厂，坚持“助设计师创业、为创业者设计”的定位，采取“基金+媒体+孵化器”三位一体的创新孵化模式，设置億空间、创億社、億T台、融億投、億培训、億导师等众多功能模块，为创客搭建对接产业链上下游环节的设计服务平台、科技服务平台、国际资源平台与金融服务平台，打造专业化、纵深化、特色化的众创空间。梦工厂进一步丰富公共服务平台功能，强化新材料展示中心、Studio 3D打印港、产品打样中心、虚拟仿真演示与检测中心等共性技术支撑服务，建立

“天使投资基金＋股权投资基金＋担保”的融资服务平台，全面提升了设计产业服务水平。2015 年 3 月，“DRC 创億梦工厂”被北京市科委认定为首批“众创空间”。

中关村石景山园的创意设计产业，以强化与动漫网游、数字内容等的融合发展为主线，紧密结合文化科技融合趋势，进一步助推石景山园成为“中国数字娱乐第一区”。园区努力打造“石景山服务”品牌，建立健全了“特色产业＋知识产权＋人才发展＋创新激励”四位一体的园区发展政策体系，积极构建高端的科技创新驱动体系，实施知识产权领航工程，将创新支持的品牌、政策和服务优势辐射至全区，形成从创新研发、创业发展到产业集聚的良好功能布局。

二、国际知名品牌设计活动顺利举行

2015 年 9 月，亚洲规模最大、最具影响力的创意设计展示、推介、交流、交易平台活动——北京国际设计周在北京成功举办，活动以“设计之都·智慧城市·产业融合”为主题，搭建了设计服务、设计会展、设计贸易三个示范平台，集中展示、推介了京津冀地区文化创意和设计服务与相关产业融合发展的创新成果，促进了国内外设计市场要素的交流与交易。2015 北京国际设计周举办首届北京国际设计贸易交易会，结合国家对外文化贸易基地（北京）的区位和政策优势，建立国际设计贸易服务口岸，为亚洲乃至全球设计产品提供推介、洽谈和贸易服务，有效推动了以北京天竺综合保税区文化保税园为核心的设计贸易示范平台建设。此外，位于歌华大厦的国际创意设计服务中心（DSC）对外开业，打造面向设计师、设计机构、设计创业者的互通互联和提供孵化服务的创意设计公共服务平台，为 2015 年北京国际设计周增添了最大亮点，推动国际设计周从一年一度的文化活动向具备产业纵深的市场化运营服务平台转化。DSC 的建成推动了以歌华大厦为核心的创意设计产业新集群异军突起，未来将带动所在区域成为创意设计服务产业的国际交流合作中心。

2015 年 11 月，大兴区第二次成功承办了“中国设计节”，举办了以京津冀设计需求发布、重点项目签约为核心，以“京津冀设计产业”和“新机场·新区域·新设计”两大主题论坛为重点，以青年设计大赛、设计体验之旅系列活动为支撑，以红星奖颁奖典礼及作品展示为延伸的系列设计盛宴，全面提升了大兴亦庄的设计影响力。

北京国际设计周、中国设计节、红星奖等国际知名活动的举办，促进了顶尖人才、产业要素等在北京的集聚。目前全市的工业设计、建筑设计、集成电路设计、服装设计、视觉设计等各类设计企业的产业规模均呈现高位增长态势，北京已经成为全球设计产业网络的亚太中心，进入高速发展的新时代。

三、大兴设计瑰谷品牌效应日益凸显

中国（大兴）设计瑰谷依托“一谷五园”的空间布局，重点发展了产品设计、环境设计、传播设计、建筑工程咨询设计以及设计服务等五大领域，加快推进了一批园中园建设，其品牌效应已经日益凸显。大兴设计瑰谷在工业设计产业领域的发展尤为突出，奔驰、京东方、ABB、拜耳等 80 家世界 500 强企业已实现投资建厂。目前，设计瑰谷拥有设计类企业 1 万余家，企业研发机构 142 家，国家级研究技术中心 10 个、市级科技研究机构 34 家。[①] 区内聚集了中铁五院、中芯国际、科宝博洛尼、MC（中国）国际材料研究中心等一批国内勘察设计、家居材料设计、电子信息产品设计等行业龙头企业，引领未来行业发展。

四、永外基地产业疏解升级进展显著

北京（永外）时尚创意产业基地和大红门区域的服装纺织企业正处于加快疏解和转型再造阶段，目前正积极向服装设计、家居设计等高端业态方向发展，将逐步完成由商贸区向商务新区的转型。截至 2015 年底，“北

① 大兴加速迈向“北京创造”［EB/OL］. 北京市开发区协会 . http：//www. bdza. cn/BDZA-Portal/Middle. do？ act = show&cid = 7&mid = 49&id = 00015036，2015 - 06 - 18.

京（永外）时尚创意产业基地建设”以百荣世贸商城为示范点，经过近三年的建设及运营，初步形成了以智能导购、电子商务、高端会展为一体的现代商业服务模式，为促进永外时尚创意产业基地的发展起到了示范和带动作用。

五、设计服务与城市的融合效应显现

近年来，北京文化创意和设计服务不断渗透融合到各产业门类和周边区域发展中，设计服务产业的服务性功能更加突出，催生出特色餐饮、休闲商务、创意果园、趣味体育等诸多产业经营方式，以及文化金融、文化科技、文化旅游、文化养生等诸多新型业态，带来了设计服务产业的快速集约发展，也提升了周边区域之间的融合发展力度。首钢园区依托巨型混凝土圆罐等工业遗址，打造了一条吸引文化创意、研发及设计类企业集聚的“天街”，成为名副其实的“京西798”。展览路周边区域在建筑设计、城市规划与设计、室内设计等领域居于全国领先地位，以周边的建筑设计院、规划院及建筑类、工程类公司为基础，实现产学研的有机结合，形成了专业、完整的设计产业链，有力地助推了北京的宜居城市建设。

六、京津冀设计服务业协同发展提速

京津冀协同发展为文化创意设计服务业的多领域渗透、多业态融合提供了前所未有的契机。2015年，在北京市科委、天津市工信委、河北省工信厅支持下，北京工业设计促进中心、北京工业设计促进会、天津市工业设计协会、河北省工业设计协会等三地六家单位共同联合发起，成立了以服务三地、促进设计产业发展为宗旨，共享设计资源的京津冀设计产业联盟，初步搭建津冀设计企业之间的产业链分工协作体系。① 联盟主要为京津冀设计企业、设计院所、设计高校、设计师和相关行业协会、中介机构

---

① 杜昱辉．京津冀设计产业联盟成立［EB/OL］．河北新闻网．http：//xyjj. hebnews. cn/2015－09/25/content_ 5060153. htm，2015－09－29.

提供开放性交流协作平台和设计需求对接平台，有利于推动京津冀地区设计服务业形成优势互补、错位发展的态势。2015 年北京国际设计周也首次将活动范围扩大至天津、河北地区，推出“天津大运河设计之旅”、河北廊坊“设计为民生健康住宅”等京津冀一体化宣传项目，强化了对津冀地区设计服务产业的促进和带动作用。

第十一章 文化交易板块建设进展

文化交易板块重点规划建设天竺文化保税功能区和文化艺术品交易功能区2个功能区。其中，天竺文化保税功能区利用空港保税区政策优势，重点发展文化艺术品仓储、物流、展示、交易等产业，为单一片区。文化艺术品交易功能区重点发展高端文化艺术品鉴赏服务、工艺美术品及收藏品交易、原创艺术及工艺美术交易、大型文化艺术交易等产业，包括潘家园、美术馆—隆福寺高端艺术品交易区、琉璃厂区域、报国寺片区、宋庄片区、北京宝玉石文化博览交易中心6个片区。2015年，文化艺术品交易功能区营业收入达到81.0亿元。

一、文化艺术品交易业态培育卓有成效

2015年，文化交易板块围绕天竺文化保税功能区、文化艺术品交易功能区等重点园区，统筹各园区发展基础，不断引进优势资源要素，推动产业业态进一步升级，促进了文化交易板块健康发展。

天竺文化保税功能区不断丰富产业内容，新增了动漫品牌引进、影视"保税仓库"、国外文化艺术品展示交流交易市场、国际文化艺术品保护中心等新业态，为国内外文化生产、传输、贸易机构提供专属保税服务。功能区已有50多家企业达成入驻意向，2016年还将建成商品交易服务中心。[①] 功能区引进来自美国的两大动漫品牌入驻，发展集动漫生产、人才培训、品牌授权、主题乐园投资、资本运作等为一体的新型综合业态，带

① 刘妮丽．北京"文化保税区"：减免税费护航进出口［N］．中国文化报，2015－03－28.

动中国动漫产品生产销售。2015 年，天竺文化保税功能区与国家文化产业创新实验区合作建设的红庄·国际文化保税创新园项目正式启动，成为本市首个影视及文化产品公共保税仓库，将在 2016 年投入使用。

在天竺文化保税功能区内，苏富比（北京）公司牵头创新了“保税拍卖”模式，提出了艺术品口岸管理与保税运作新方式。首先，保税拍卖成为能够提供集海外艺术品征集、国际艺术品物流、艺术品仓储、保税通关、金融结算于一体的整体解决方案，为拍卖机构带来了较大的商业价值。其次，功能区内艺术品仓储、文物艺术品保护修复、艺术品通关物流等配套服务的建立，为艺术品长期存储、跨境流转提供了可信赖的支撑平台。再次，在保税拍卖过程中采用物联网等新兴信息技术手段，对每一件入境艺术品做到“入关—出关—运输—布展—拍卖—私洽”环节的无间隙监控，大大降低了艺术品入关监控的人力、物力成本。

文化艺术品交易功能区内的汉唐艺术品交易所推出邮币卡交易业务，全力打造融合“互联网 +”、“金融”、“文化”与“O2O”等概念的创新型交易平台。邮币卡电子盘作为一种文化艺术品交易与金融相结合的交易业务，得到了金融监管部门的认可，其证券化的特质吸引了企业经营者、投资者、邮币收藏者及社会有关人员越来越多的关注，这种创新型交易模式在我国文化产权交易市场迅速推广。

二、传统文化艺术集聚区改造启动实施

文化艺术品交易功能区的不少片区为首都历史文化保护区，集聚了众多优秀的传统文化资源。2015 年以来，为加快推进非首都功能疏解，这些片区加快推进了环境整治、低端清退和业态升级工作。

其中，报国寺片区收藏市场改造升级全面启动，2015 年完成了市场及周边环境综合治理、违法建设拆除、露天地摊清除和商户清退工作。被誉为“九市精华萃一衢”的琉璃厂地区是北京著名的历史文化保护区和古玩、字画等高端艺术品集聚区，2015 年也启动了区域升级改造工作。根据规划，琉璃厂片区改造共分三期，2015 年底基本确定一期拓宽街道、保留

和修缮历史建筑的控制性规划。改造后的北京琉璃厂产业园区总面积为1平方公里，将成为北京规模最大的文化艺术品集散地。同时，园区将发展手工艺制作，保留并修复明清建筑的民居形式，成为北京重要的旅游观光区。

美术馆—隆福寺片区改造加快推进，隆福寺、隆福大厦、一商地块、长虹电影院等项目改造相继启动，计划于2017年投入使用。隆福寺周边区域环境改善工程同步开展，计划于2020年前全部完成隆福寺传统文化街区升级改造工作。根据规划，美术馆—隆福寺片区在业态上将全面清退低端批发零售业态，转型发展文化创意产业，隆福寺将与故宫合作共建数字故宫体验馆，与国家画院共建艺术大师工作室、设计师孵化器、艺术品超市等。

三、文化艺术品交易平台建设快速推进

2015年，在文化部和市政府的支持下，天竺文化保税功能区建立了文化产品电商推广平台，并与天猫、京东等大型电商平台开展合作，目前该平台已经在美国、欧洲、韩国等国家与地区推广，逐步得到了国外诸多商家和消费者的关注。电商平台提供文化产品的物流、仓储、国际结算业务，全部由天竺文化保税功能区统一组织安排，针对文化生产者的资金需求协调银行给予贷款。电商平台搭建了合法、便捷的交易平台和进出通道，开启“免税、保税、免证”优惠政策，搭建资源辐射平台，填补了北京文化保税新型交易模式的空白；突出“保税＋古董艺术品”新型业态，形成了规范健康的古董艺术品交易模式和交割规则，建成活跃的口岸型古董艺术品交易市场。天竺文化保税功能区建设全国首个海外回流文物口岸交易市场，利用保税区境内关外免证、保税的政策优势，搭建起了海外回流文物展览展示及交易平台。

文化艺术品交易功能区的美术馆—隆福寺高端艺术品交易区内，中国嘉德国际拍卖有限公司总部大楼（嘉德艺术中心）建设稳步推进，2015年6月主体结构封顶，2016年实现竣工验收并交付使用，全面打造展拍、办

公、精品酒店等一体化服务平台，届时将成为中国顶尖的文物艺术品展览交易中心。

文化艺术品交易功能区宋庄片区持续推动建立原创艺术及工艺美术品展示交易中心，宋庄原创艺术影响力更加凸显。截至2015年，宋庄片区建成艺术展馆30余家，画廊113家，集中展览面积达10余万平方米，艺术品经营面积达25000余平方米，年销售额超1亿元，来自20多个国家的5000余名艺术家在宋庄生活创作，慕名而来的海内外游客达到年均50万人次，形成了在全国乃至全世界都有很大影响力的艺术家群落，逐步成为原创艺术及工艺美术品展示和交易中心。

文化艺术品交易功能区门头沟片区建设快速推进，宝玉石文化博览交易中心、陕西画院等一批项目顺利完工，以中华四大美玉和世界五大珍稀彩色宝石等艺术品的交易、收藏、展示为主要经营方向，形成了从宝石原石供应、设计、加工、定制到销售的全产业链，打造高端专业的大型文化艺术交易功能集中区。同时，该片区吸纳各类文化艺术品创作、展示与交易类企业入驻，艺术品交易功能趋于成熟。

四、多个艺术品展示交易活动成功举办

2015年，中国北京国际艺术品交易展在京举办，以打造生活美学为主题，以推进艺术教育为根基，以促进大众消费为理念，吸引了美术界和收藏界的众多专业人士、多国使馆的大使参赞等参观展览。中国·宋庄文化艺术节目前是国内规模最大、最具影响力的公益性当代文化艺术节。2015年，第九届中国·宋庄文化艺术节以转体与重建为主题，围绕“变”与“不变”两个价值维度，以一个“CAD”、两大重要论坛、八大主题展览为核心，全面展示当代艺术品的魅力。国际公共艺术大展在中国宋庄上上国际美术馆成功举办，旨在打破空间与理念的局限性，打造以公共艺术作为媒介、牵动艺术家与群众融为一体的宋庄艺术生态盛会，让群众徜徉于艺术品海洋之中。

第十二章 会展活动板块建设进展

会展活动板块包含会展服务功能区、奥林匹克公园文化体育（会展）融合功能区两个功能区，汇聚了国家级和北京市级的大型会展设施、奥运场馆资源，旨在构建国家级的会展服务和文化体育新型城市功能区域，推动北京建设国际会展业中心城市。会展服务功能区囊括了顺义国展产业园、老国展、北京展览馆、农业展览馆、雁栖湖国际会展中心等首都展馆资源。奥林匹克公园文化体育（会展）融合功能区，以奥运场馆和国家会议中心等设施为核心，加强中外文化、体育交流，重点承办国际国内重大体育赛事与主题展览、文化演艺、民众参与体验等活动。2015 年，会展服务功能区和奥林匹克公园文化体育（会展）融合功能区营业收入分别达到 15. 4 亿元和 315. 7 亿元。

一、展览展示的国际化水平显著提升

奥林匹克公园文化体育（会展）融合功能区的国家会议中心不断推动场馆设施改造和市场化运营探索，从 2008 年为北京奥运会的媒体记者、运动员提供接待服务的奥运场馆，成功转型为目前中国高标准的会展旗舰。国家会议中心始终坚持大型国际会议和精品展览的高端定位，组织开展了京交会接待会、全球移动互联网大会、国际宇航大会等大型国际会议，积极承接国内外重要展览展示。截至 2015 年底，国家会议中心已经接待了近 5000 个会议、活动和展览，在国内外会展界塑造了良好的品牌形象。

会展服务功能区的北京雁栖湖国际会展中心于 2015 年 9 月正式成为国际大会及会议协会（ICCA）会员，进一步增加会展中心与国际知名会议城市、会议机构、会议服务商等成员交流与学习，极大提高了会展中心在国际会展领域的影响力和知名度，是会展中心国际化发展的重要里程碑。同时，这也给雁栖湖国际会展中心、北京国际会都和中国会展业提供了一个展现优势和实力的国际舞台，吸引更多的国际型大会和协会会议落户北京，推动北京高端会议产业经济和国际交往新城的建设和发展。

二、会展行业的品牌影响力逐步增强

近年来，京交会、文博会、科博会成功举办，已经成为首都会展行业发展的重要新名片。2015 年，第十届文博会在中国国际展览中心举办，3 个国际组织、46 个境外代表团组以及全国 23 个省市区代表团参展，来自海内外 198 万余人次参观，会上共签署文化创意内容产业的产品交易、艺术品交易、银企合作等协议总金额 1003.8 亿元。第十八届科博会在中国国际展览中心举办了 8 场推介交易活动，面向国内外推出一批科技含量高、市场前景好、转化能力强的创新成果和优质高效项目。文博会、科博会、京交会、田径世锦赛、全球移动互联网大会、北京国际电影节等一系列展览展会活动成功举办，使得中国国际展览中心、奥运场馆、雁栖湖国际会展中心等顶级专业化展馆设施得到了有效利用，汇聚了更多的国际组织、政府部门、金融机构、企业实体等，成为中国走向世界的大门和海外聚焦中国的窗口。

2015 年，北京市商务委员会与北京市贸促会共同组织参加了在意大利举行的第 82 届全球展览业协会（UFI）年会，发表主题推介，将北京超 67 万平方米的展览面积、800 余家酒店等资源及多个标志性展会品牌展现在世界面前，显著提升了北京会展品牌的国际形象。

三、“文化 + 体育”孵化器设立营运

2015 年 3 月，鸟巢文化中心在北京国家体育场正式成立，成为奥林匹克公园文化体育（会展）融合功能区进一步推动“文化 + 体育”产业发展

的有力推手。鸟巢文化中心联手多家国内外知名金融机构、文化机构，打造体育金融孵化和文体创业双平台，将体育与文化、金融、科技、旅游等多个领域充分整合，探索出了奥运场馆赛后利用的新模式，进一步提升了奥林匹克公园文化体育（会展）融合功能区的办赛、办会能力。鸟巢文化中心通过集聚金融创投机构、引入股权（产权）交易平台以及设立产业和创投基金三大方式，实现文化资源、社会资金、精英人才的强强联合，打造中国最具影响力的体育+互联网金融创新创业集聚空间。鸟巢文化中心与北京股权交易中心共同打造“鸟巢北京股交中心文化体育板”，为符合条件的入驻企业提供无财务门槛、无手续费、有融资渠道、有培育机制的综合服务。以众筹方式打造的创客孵化平台“亮中国”，依托奥林匹克公园建设“国家体育产业示范基地”的优势，吸纳国内外优秀的导师及创业项目，帮助具备发展潜力的体育项目提升其在资本市场的多元融资能力。

四、大型会展活动向外辐射态势明显

北京市大多数会展场馆设施规模偏小，多为3万平方米以下的中小型场馆，缺乏现代化、规模化、配套齐全的单体场馆。新国展是北京市目前规模最大、功能最为完善的展览中心，功能达到国际专业展馆建设一流水平，是我国顶级专业化展馆之一。但新国展一期仅投入使用了10万平方米左右，不仅在国内未进入前十名，而且远小于使用面积为49.8万平方米的世界上规模最大的汉诺威展览中心，很难满足北京市大型会展服务的实际需求。

会展服务设施建设的滞后已经影响了北京会展业的发展。近年来，随着首尔、新加坡、吉隆坡、曼谷等亚太地区城市以及上海、广州、深圳等国内一线城市的会展业迅速发展，会展业竞争日趋激烈。大型展馆数量不足使得北京的一些大型会展不得不采取多馆办展或在北京批展、在外地办展的形式，北京培育的40余个轻工业展已有2/3转移到上海、宁波、大连等地，已经出现“北展南移”现象。

第十三章 文化休闲板块建设进展

文化休闲产业是21世纪城市的“黄金产业”，是各国竞相发展的“朝阳产业”，符合世界发展的潮流和方向，对于丰富我国国民的精神生活、推动国民经济又好又快发展具有重要作用。文化休闲板块重点依托北京历史文化、自然生态和旅游休闲资源，推动传统与现代、文化与旅游、文化与休闲的融合发展，推进新型文化休闲城市建设，引导各类资源合理开发利用。文化休闲板块含北京老字号品牌文化推广功能区、未来文化城功能区、主题公园功能区以及历史文化和生态旅游功能区4个功能区。2015年，4个功能区营业收入分别达到225.7亿元、0.3亿元、3.8亿元和22.1亿元，北京老字号品牌文化推广、历史文化和生态旅游及主题公园3个功能区分别同比增长11.02%、7.84%和0.25%。

一、一批文化休闲重点项目加快建设

2015年11月，北京环球主题公园及度假区一期工程建设举行启动仪式，标志着项目由筹建阶段进入工程建设阶段。北京环球主题公园位于通州文化旅游区，是主题公园功能区的重要组成部分，规划建设7大景区约27个景点及大型表演节目。北京环球主题公园及度假区一期工程包括北京环球主题公园、城市大道、环球大酒店、首旅诺金度假酒店、综合停车设施等项目，项目建设将带动周边市政设施、环境绿化等配套设施快速完善，预计于2020年建成开园。截至2015年底，环球主题公园及度假区总体规划、项目概念设计以及所在区域市政设施规划已经陆续推进，配套轨道交通、河道治理等各项工程同步开展设计工作。主题公园的建成对于加快通州新城建设，带动文化创意、精品演艺、会议展览、购物休闲等一批上下游产业在通州区落地、发展，将有效促进北京非首都功能疏解。

“三山五园地区”是北京西郊清代皇家园林历史文化保护区，是我国现存皇家园林的精华，也是北京市历史文化和生态旅游功能区的重要组成部分。2015 年三山五园历史文化景区启动了“园外园”生态景观核心区建设，该区域属城市绿化隔离地区，总面积 13.98 平方公里。通过规划建设“园外园”地区绿色空间，不仅进一步改善区域生态环境，构建首都西北部重要的生态屏障，提升旅游形象，完善城市配套功能，而且将打造一个极具历史文化、人文旅游价值的中国传统文化展示体验区，搭建一个向世界展示中国文化的重要窗口。

未来文化城位于未来科技城西南侧，依托生态环境优美的海鶄落都市文化公园而建，占地面积 6 平方公里，重点打造国家级文化展演中心、未来世界展示区、高科技文化艺术舞台和文化创意产业总部基地。未来文化城自 2013 年启动以来，正在集中精力扎实推进，力争用 7 年左右的时间，使这里建成设施完备、功能齐全、环境优美的文化新城。国家大马戏院是未来文化城的核心项目，也是首批入驻文化城的项目，目前正在加快推进立项筹备前期工作。

二、文化休闲产业业态不断多元拓展

北京老字号品牌文化推广功能区进一步集聚老字号品牌，按照“保留、恢复、引入”的思路，依托传统特色商社街区的商业生态，加大老字号品牌的引进力度。2015 年，上海百雀羚、哈尔滨马迭尔等众多外地老字号企业正式入驻，进一步丰富了老字号品牌经营业态，功能区集聚效应进一步拓展。

北京环球主题公园积极招商汇聚多元文化业态，将国际先进的文化创意、旅游休闲、科技创新、生态环保等技术和产业与本土文化元素进行融合，形成了多元文化的汇集。北京欢乐谷主题公园内含的 30 余处人文景观、七大文化主题区域，从不同角度展现了中华以及世界的多元文化，从民族风情浓郁的香格里拉到展现世界远古文明的古玛雅文化，从神秘的亚特兰蒂斯到融合七大洲特色风情和节庆文化的合家欢项目“欢乐世界”，在核心产品上从细节到整体、从静态到动态、从观赏到参与等，都展示了多元文化的融合性。

2015 年，世界大学生魔术交流大会暨国际魔术大师魔幻秀成功举办，成立了中国青年魔术师俱乐部，开展了“金长城杯”世界大学生魔术争霸赛、中国高校魔术社团联谊会换届选举、国际魔术培训班、国际近景魔术沙龙等一系列文化交流活动。会议期间提出的“世界青年魔术日”倡议得到了国际魔术界广泛认可，奠定了未来文化城在魔术文化领域的国际交流平台基础。

三、老字号运营新模式得以探索推广

北京老字号品牌文化推广功能区积极探索以旅游带动老字号品牌文化推广的新模式，引导老字号品牌企业主动向文化体验式消费模式转变，打造不同主题、不同消费层级的老字号旅游消费路线。在功能区内，结合旅游消费特点，引导连锁型老字号企业入驻，分层次、有主题地开展老字号布局与建设，注重餐饮、娱乐、休闲、购物等业态在各个主题区的穿插和融合，推动功能区转型发展为广大消费者休闲、休憩、游览、消费的目的地。

功能区的北京前门大街片区重新定位为中国非遗大街，再现梨园与民俗文化，打造 40 万平方米的“前门国家非物质文化遗产博览园”。其核心区已于 2015 年 10 月运营，将有来自国内外的 200 余项非遗项目集中“落户”博览园。博览园将非遗文化体验中心与互联网非遗电商平台交互结合，构建了具有国际结算功能的 O2O 平台，传播非遗文化，实现产品交易。北京老字号协会研究组建老字号“互联网应用专委会”，推动老字号企业积极发展电子商务。

四、“公园 + 地产”发展模式逐渐成熟

主题公园功能区进一步扩展“公园 + 地产”发展模式，通过主题公园带来的人流、物流、信息流和资金流，拉动周边区域经济发展和就业。通州区引导周边区域紧密围绕北京环球主题公园建设，配套建设集零售、餐饮和娱乐设施于一体的环球城市大道和全球首个以环球为主题的度假酒店，形成集旅游、娱乐、演出、体验于一体的现代时尚旅游产业链。同时，通过在主题公园外集聚商业地产项目，形成迅速聚拢人气的商圈，丰富主题公园以外的购物、餐饮等基本消费形态，实现园内、园外消费业态的最佳配置，以外补内、内外相和，进一步完善“公园 + 地产”经营模式。

第三部分　专题分析篇

功能区的建设发展离不开强有力的组织保障、资金支持、要素支撑和环境营造。根据前期调研过程中发现的一些共性问题，本报告选取功能区运营管理、建设用地、产业投融资服务、知识产权保护运用、专业化服务平台、产城融合发展等六个方面内容，开展了专题分析，以切实把握功能区建设发展的重点难点，找准制约因素，提出解决问题的思路建议，为功能区的建设发展提供决策参考。

第十四章 功能区运营管理体系

功能区运营管理体系是指为开展功能区战略规划、产业招商、设计建造、园区运营等各种活动，所建立的有计划、有目标的组织管理体制和机制的统称。确立功能区运营管理的实施主体、组织架构、职能权限和运营模式，是推动文化创意产业特色化、差异化、集群化发展的基础条件和第一保障。如何构建完善全市20个功能区的运营管理体系，是强化各功能区统筹管理、促进跨片区协同发展亟须破解的首要命题。

一、功能区空间分布与运营管理特征

全市20个功能区的规划建设，体现了对优势产业形态同类聚合、跨区整合的布局理念，因此在功能区的空间规划上突破了传统行政区划的界限，呈现了“跨行政区分布、一功能区多片”的显著特征。这种空间规划与以往文化产业集聚区建设往往依靠一个单一主体实施不同，功能区建设大部分涉及多个行政区、多个空间单元片区、多个市场参与主体，运营管理体系构建复杂、多元。

（一）14个功能区横跨多个行政区，需要跨区域统筹协调

在20个功能区中，共有14个功能区跨行政区，占功能区总数的70%。其中，跨2个行政区的5个，跨3个行政区的1个，跨4个行政区的3个，跨5个行政区的1个，跨6个行政区的1个，跨7个行政区的1个，跨8个行政区的1个。（详见表14－1）

表 14－1　功能区跨行政区分布情况

序号	功能区	所在行政区	跨行政区数量
1	文化科技融合示范功能区	海淀、石景山	2
2	天坛—天桥核心演艺功能区	东城、西城	2
3	新媒体产业功能区	朝阳、大兴	2
4	北京老字号品牌文化推广功能区	东城、西城	2
5	文化金融融合功能区	东城、西城	2
6	主题公园功能区	朝阳、丰台、通州	3
7	动漫网游及数字内容功能区	东城、朝阳、丰台、石景山	4
8	影视产业功能区	西城、海淀、大兴、怀柔	4
9	会展服务功能区	西城、朝阳、顺义、怀柔区	4
10	文化艺术品交易功能区	东城、西城、朝阳、通州、门头沟	5
11	创意设计服务功能区	东城、西城、海淀、丰台、大兴、石景山	6
12	音乐产业功能区	东城、西城、朝阳、海淀、大兴、通州、平谷区	7
13	出版发行功能区	东城、西城、朝阳、丰台、大兴、通州、顺义	7
14	历史文化和生态旅游功能区	海淀、石景山、门头沟、房山、昌平、怀柔、密云、延庆	8

从构建功能区运营管理体系来看，如何对同一功能区在不同行政区的片区进行统筹运营，一方面需要完善纳入功能区范围的各行政区的片区运营管理组织，另一方面需要在跨区域层面建立统筹协调组织或协同机制。

（二）12 个功能区由多个片区构成，需要跨空间整合资源

在 20 个功能区中，有 8 个功能区是由单一片区构成，其余 12 个均由多个片区组成，占总数的 60%。（详见表 14－2）

表 14－2　功能区的片区构成情况

序号	功能区	片区数量
1	天坛—天桥核心演艺功能区	1
2	戏曲文化艺术功能区	1
3	798 时尚创意功能区	1

续表

序号	功能区	片区数量
4	CBD—定福庄国际传媒产业走廊功能区	1
5	天竺文化保税功能区	1
6	奥林匹克公园文化体育（会展）融合功能区	1
7	北京老字号品牌文化推广功能区	1
8	未来文化城功能区	1
9	文化科技融合示范功能区	2
10	文化金融融合功能区	2
11	影视产业功能区	3
12	主题公园功能区	3
13	动漫网游及数字内容功能区	4
14	新媒体产业功能区	4
15	音乐产业功能区	6
16	创意设计服务功能区	6
17	文化艺术品交易功能区	6
18	会展服务功能区	6
19	出版发行功能区	7
20	历史文化和生态旅游功能区	10 个以上

从功能区空间管理角度来看，对于不同片区，由于所处地理位置、产权归属、规模面积以及基础现状等存在较大差异，所以在对各片区进行跨空间的统筹规划和资源整合利用及推进建设上，均面临较大的障碍，需要结合城乡规划、土地及产权属性等各种实际情况分类区别对待。

（三）不少功能片区包括多个基地，需要跨主体协同协作

功能区部分片区包含多个园区，CBD—定福庄国际传媒产业走廊功能区的 CBD—定福庄沿线区域片区内含国家广告产业园、莱锦创意产业园等十余个北京市知名文化创意产业园区。文化金融融合功能区的中关村雍和园南片区内含总部商务区、保利集团总部群、东方雍和国际版权交易中心等区域。798 时尚创意功能区的大山子及电子城东区片区包含 798 艺术区、

751D·PARK、电子城东区等区域。存在此种情况的还有中关村石景山园部分区域、国家新媒体产业基地、中国设计硅谷等多个片区。此外，还有4个单一片区为跨区分布，分别是大栅栏—前门—王府井周边区域跨东城和西城两个行政区，北影、新影集团厂区跨西城和海淀两个行政区，中国唱片总公司创作园跨东城和西城两个行政区，展览路周边区域跨西城和海淀两个行政区。

功能区片区构成具有类型多样性和分布多元性特点。在同一功能区内，既有存量改造，也有增量开发；不同的地块、不同的建筑，其建设经营主体各不相同，相应土地和建筑也存在产权构成复杂、使用权分散问题，既有政府机构、国有企业，也有通过招拍挂出让获得土地资源的市场开发主体。功能区在完善运营管理体系方面，需要推动产权主体、改造主体、运营主体的多方合作。

二、功能区运营管理现状与存在问题

功能区由若干片区构成，每个片区又由一些特色产业园、产业基地或楼宇等构成，从功能区、片区和基地楼宇等不同层面来看，均存在空间尺度不一、规模大小不一、载体形态不一、构成内容不一等情况，各层面的运营管理主体既有政府设立的管委会等派出机构，也有企业或事业单位，现有建设运营管理各层面相互掺杂，多种多样，亟须规范引导。

（一）从功能区层面看，大部分功能区没有构建协同发展机制

由于全市20个功能区的片区构成、跨行政区等不同，其功能区运营管理体系也呈现较大差异。其中，没有跨行政区的6个功能区中，798时尚创意功能区、CBD—定福庄国际传媒产业走廊功能区、天竺文化保税功能区和奥林匹克公园文化体育（会展）融合功能区等4个功能区已经有明确的功能区建设管委会。其中，CBD—定福庄国际传媒产业走廊功能区，建设之初由朝阳区文化创意产业领导小组办公室牵头，CBD管委会、定福庄管委会配合管理。在该功能区申请成为国家文化产业创新试验区后，朝阳

区成立国家文化产业创新试验区管委会，实现了对功能区的统筹管理。上述有功能区运营管理部门的，一般发展思路及规划较为清晰，在资源调动、对外合作、品牌影响等方面能发挥较好的管理作用。另外，戏曲文化艺术功能区由卢沟桥旅游区办事处推进，未来文化城功能区由昌平区文促中心负责推进，两个功能区的机构处于代管状态，尚未建立强有力的运营建设主体。在其他 14 个功能区中，各行政区的片区部分有管理主体，部分处于管理缺位状态。

从全市来看，由于各功能区、各片区之间的关联性、竞争性、互补性并存，靠各行政区自发形成合作机制难以实现。目前，虽然规划提出了功能区，但缺乏全市统筹的功能区运营管理机构，统筹的指导、协调机制尚未有效建立。从全市一盘棋发展角度来看，功能区建设是一项内容庞杂且创新性很强的系统工程，推动功能区谁来管、怎么管十分迫切。

（二）从各片区层面看，大部分片区已经有建设经营管理主体

20 个功能区共包含 57 个片区，基本明确有主管部门的有 43 个，占全部片区的 75%。这些片区运营管理机构以原自然集聚区和产业园区的既有管理部门为主，管理机构类型涉及部委单位、市级文化行业管理部门、区政府或区文化行业主管部门、乡镇政府、园区管委会、园区开发公司、园区产业促进中心、园区运营企业、园区龙头企业等多种主体。

其余 8 个片区目前处于自然集聚、运营管理主体缺失状态，包括音乐产业功能区的西山文化创意大道、出版发行功能区的朝内大街区域、文化艺术品交易功能区的美术馆—隆福寺高端艺术品交易区、文化艺术品交易功能区的报国寺周边区域、会展服务功能区的北京展览馆区域、音乐产业功能区的九棵树周边区域等。该类园区的运营主体多为园区内龙头企业，管理内容为产业空间租售和提供展览展示交易等公共平台，园内企业之间仍然以分散发展为主，缺乏产业协同和产业互动，缺乏园区的统筹规划、统筹招商等长远机制设计，在带动所在片区统筹发展的思路和路径上较为受限，急需进一步明确或者强化园区的运营管理主体和运营机制，提升园

区的集聚发展能力。

从功能区推动片区协同角度看，由于各片区运营管理部门性质不同，且跨区分布，导致不同园区享受的优惠政策、公共服务和特色资源都不同。在现有体制下，同一主导产业的不同文化创意园区之间更倾向于以竞争为主，自上而下推进各片区差异化发展和协同化发展的难度较大。

（三）从片区内园区看，呈现出众多市场主体参与的复杂局面

在同一个规划片区内部，又包括了不同的基地、楼宇、园区。这些不同类型的空间在开发上也呈现多主体参与的状态。片区的不同空间，呈现多种开发经营模式。一些基地仍由原有的地方政府或产权单位成立专门的公司来开发建设和运营。如三间房国家动漫产业基地的主管单位是三间房乡政府，由三间房动漫投资管理有限公司负责运营；大栅栏—前门—王府井周边区域中，属于东城区的区域由王府井地区建设管理办公室负责管理和经营，属于西城的区域由大栅栏琉璃厂指挥部负责管理、北京京都文化投资管理有限公司负责运营；北京数字电视产业园片区由北京经济技术投资开发总公司和北京亦庄国际投资发展有限公司共同管理。还有一些园区引入市场主体，通过厂房出租等方式，由一些专门从事文化产业园区运营的机构进行改造运营，如音乐产业功能区的钓天坊片区由专业机构或企业进行开发，新华 1949 园区 3 号楼通过引入北京文化创新工场成功改造运营。

综合审视功能区运营管理体系，其运营管理构成情况较为复杂，全市层面尚未建立区域协同、产业链合作的统一管理体系和运营机制，导致功能区跨区域统筹规划、协同发展的特性无法发挥，“上下失联、左右失调”问题比较突出。不少功能区或片区还存在多重管理主体叠加现象，容易造成发展思路不统一和存在管理盲区等问题。因此，加快构建市级层面的统筹协调推动机制，创新解决功能区多头管理、主体不一、基础不同、协同困难等问题，从不同层面构建完善功能区、片区和园区运营管理机构，才能切实推动功能区跨区协同发展和差异化发展，才能推动功能区强化整体

优势、细化产业分工合作，形成联动发展格局。

三、中关村“一区多园”管理模式借鉴

20个功能区呈现“一区多片、跨区分布”的特点，不仅在空间上分散，在运营管理协同、产业链合作、公共服务共享、政策覆盖等方面也缺乏协同。深入研究中关村自主创新示范区“一区十六园”运营管理机制的历史演变及现状，为完善功能区建设管理，提供了可借鉴的宝贵经验。

（一）中关村“一区多园”管理机制演变

1988年5月10日，国务院批准在北京市海淀区内以中关村地区电子一条街为中心，划出100平方公里左右区域作为北京市新技术产业开发试验区（即中关村）的政策区范围。随着中关村产业发展规模的不断扩大和政策创新力度不断加大，在全市统筹推进下，中关村的先行先试政策逐步向全市拓展。1994年4月，国家科学技术委员会批准将丰台园、昌平园纳入实验区政策区范围。1999年1月，经国家科委批准，试验区区域再次调整，将电子城、亦庄园纳入实验区政策区范围。从此，北京市新技术产业开发试验区形成“一区五园”的空间格局。2006年1月17日，经国务院批准，国家发展改革委公告第五批通过审批的20家国家级开发区，调整后的中关村科技园区总面积为23252.29公顷，包括海淀园、丰台园、昌平园、德胜园（含雍和园）、电子城（含健翔园）、亦庄园（包括通州光机电一体化园区和通州环保园区、石景山园、大兴生物医药产业基地等，形成了“一区十园”的空间格局）。2012年10月13日，《国务院关于同意调整中关村国家自主创新示范区空间规模和布局批复》正式下发，调整后的中关村科技园区正式加入顺义园、房山园、平谷园、延庆园等，变为辐射全市的“一区十六园”。如今的中关村自主创新示范区，已经成为首都建设国家科技创新中心的主阵地。

为了推进中关村建设发展，1988年北京成立了北京市新技术产业开发试验区管理委员会，1999年更名为中关村科技园区管理委员会（以下简称

“中关村管委会”)。中关村管委会作为市政府派出机构，在成立伊始，与各园区在行政管理上就保持着并行关系，对各园区发展履行指导职责，其职能定位为调研、规划、协调、督办、服务，不具备任何政府管理职能，相关行政审批工作仍然由市级相关政府部门负责。而位于各区的十六个科技园管委会则是各区政府派出机构，其审批职能归属各区政府职能部门，这意味着中关村管委会和各区科技园管委会，既无政府行政职能，也无行政隶属关系。

因此，在中关村“一区多园”的发展过程中，中关村管委会一直担负着政策先行先试的促进功能，体现的是政策全覆盖运营服务机制。能够享受国家和北京市赋予中关村科技园的特殊优惠政策，是各区科技园争相纳入中关村园区范畴的重要动因。但是各区的产业布局缺乏统筹引导，区与区之间的错位竞争没有有效形成。2009 年，在国务院批复支持中关村科技园区建设国家自主创新示范区之后，为了进一步解决单纯依靠政策覆盖难以促进产业合理布局的问题，加快推动产业转型升级，中关村开始积极探索深化一区多园的统筹管理模式和政策全覆盖运营机制。

2010 年，中关村管委会重组“一区十园”开发建设单位，成立了中关村发展集团，将各园区的科技地产公司入股中关村发展集团，通过股权和资本整合园区开发公司，试图通过市场手段整合各园区资源，强化中关村对各园区的管理力度，形成中关村管委会统筹指导和中关村发展集团驱动发展的园区运营管理新局面。

2011 年 1 月，为强化政府的统筹管理作用，市政府办公厅印发了《中关村科技园区管理体制改革方案》（京政办发〔2011〕4 号），对中关村管委会及各园区管委会领导体制进行了里程碑式的改革，明确了中关村科技园区实行“双重领导、以区为主”的领导体制，中关村科技园区管理委员会对各分园的整体发展规划、空间规划、产业布局、项目准入标准等重要业务实行统一领导，由北京市主管领导出任中关村管委会党组书记。区政府对所属分园管委会实行全面领导，各区政府分管领导兼任分园管委会主任，同时兼任中关村管委会副主任。因此，建立了市主管领导（中关村管委会书记）—区分管领导（中关村管委会副主任，各分园区管委会主任）的行政强化管理体系，这项措施是中关村管理体制改革的有力举措。① 同时将中关村发展集团纳入管理体制范畴，以更好发挥开发建设和投资运营等市场作用。

在多年的实践中，中关村持续探索市场化和行政化相结合的统筹运营管理机制，逐步形成一套以先行先试政策为纽带、以统筹规划为引导、以产业促进为核心的发展模式，持续提升了各园区与中关村管委会的发展黏性，为推动功能区创新运营管理体系建设、实现一盘棋发展提供了有力借鉴。

（二）中关村创新运营管理机制的启示

回顾中关村 20 多年来努力破解“一区多园”管理难题的探索历程，加强文化创意产业功能区的统筹运营是非常必要的，从中关村发展来看，需要功能区建设予以借鉴发展的有以下几点。

第一，突出以优惠政策为核心的联系纽带。持续探索强化着眼于创新突破园区发展核心问题的试点优惠政策，积极争取国际和北京市支持，争取用更多的优惠政策强化对各园区的统一覆盖和向心凝聚，形成有效的政策执行和落实体系。

第二，强化以统筹规划为重点的顶层指导。由国家发改委、科技部、财政部及其他有关部门会同北京市政府研究制定统一的《中关村国家自主创新示范区发展规划纲要（2011—2020 年）》（国函〔2011〕12 号），从规划的严肃性和指引性上推动了中关村的一盘棋发展。由北京市人民政府印发的中关村“十二五”和“十三五”时期建设发展规划，明确了各园区的重点发展领域和主要任务。

第三，搭建以服务企业为基础的协同平台。2010 年，成立了以引导创新和促进产业发展为核心的“中关村科技创新和产业化促进中心”（简称

① 南焱，王思言．中关村：失控的扩张？[J]．中国经济周刊，2013-07-30.

“中关村创新平台”），较好地发挥了市区联动、引导差异化发展的作用。中关村创新平台重在进一步整合首都高等院校、科研院所、中央企业、高科技企业等创新资源，采取特事特办、跨层级联合审批模式，落实国务院批准的各项先行先试改革政策，重点围绕重大科技成果转化和产业化项目、先行先试政策扶持等受理事项开展工作。通过平台，北京市各委办局可直接与相关部委对接，在国家项目申报上为中关村企业参与国家项目、享受优惠政策提供更为高效便捷的通道。同时，中关村创新平台作为核心协调枢纽，积极承接国家部委政策，在北京市层面细化落实文件，并针对各园区发展制定系列先行先试政策，有力增强了各园区发展的政策黏性。

第四，实施以市场机制为手段的资源整合。中关村发展集团作为企业，在整合原有科技园区资产和资源的基础上，通过市场化的手段，积极介入参与“一区十六园”的开发、建设、运营，强化了在园区开发、科技金融、产业招商、产业投资等层面的资源统筹配置。

四、完善功能区运营管理体系相关建议

推动功能区建设方面，既要完善市场化运营机制、持续激发市场活力和市场主体动力，也离不开政府的统筹促进和科学引导，共同营造良好的软环境。结合功能区运营管理存在的问题，在现阶段，建议从市级强化统筹管理、功能区加强联盟协同和片区落实经营主体三个层面完善功能区运营管理体系。如图 14－1 所示。

（一）建立全市一盘棋统筹协调管理平台

以综合引导和服务功能区发展为核心，在市文化改革和发展领导小组办公室的统筹领导下，以加大政策创新、推动资源整合和加强规划引导为重点，组织市文化相关部门及市发改、科技、财政、规划国土、工商、税务、统计、金融等部门，搭建推动功能区发展的联席会议平台，帮助各功能区解决建设发展中的共性和个性难题。

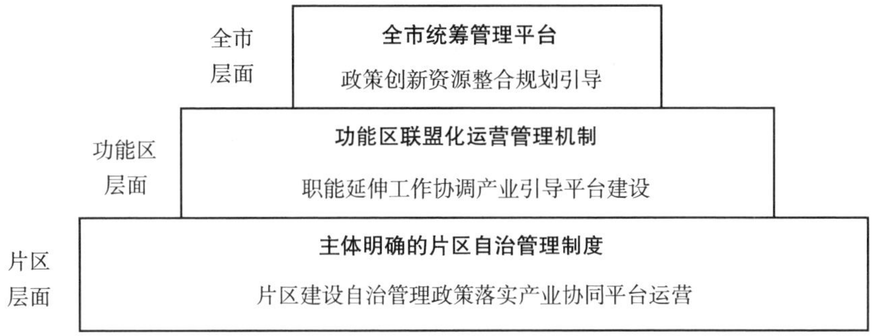

图 14－1　功能区运营管理体系架构

市级统筹管理平台重点完成以下五个方面的内容。**一是充分发挥“政策引导”作用**，创新设计和推出系统、协调的产业发展促进政策措施，出台有针对性、探索性的行业政策，实现功能区的全覆盖。**二是强化“资本支持”**，充分利用现有全市文化创意产业投融资服务体系，发挥好财政资金和金融资本的引导作用，调动社会资本为功能区建设提供有力支撑。**三是完善“公共服务”**，汇聚产业发展所需的各类公共服务和中介服务资源，通过政府购买服务、宣传推介等方式，帮助企业更好地降低发展成本，提高发展效率。**四是强化“规划引导”**，在现有市政府发布实施的《规划》基础上，进一步细化编制各功能区的发展规划，引导各功能区差异化发展。**五是强化“基础管理”**，整合各功能区的资源，形成全市统一的文化创意产业功能区统计监测体系和宣传推广平台，做好数据统计、监测、分析等工作，并向各区、各功能区开放信息，发挥“上情下达、下情上传”的桥梁作用。

（二）建立功能区的联盟化协同管理机制

功能区的建设单靠任何一方力量均难实现，必须通过协同协作，引导区域内各类主体积极参与。因此，为解决各片区空间分散、主体分散、政策分散、资源分散等问题，先期可通过建立发展联盟，在功能区层面搭建跨区对接交流和产业合作机制，以进一步促进功能区之间逐步开展资源整合。

与各类产业联盟、技术创新联盟等相对分散化的组织形态不同，功能区发展联盟是代表功能区各类主体利益、按照市场经济规律运行并对接市级统筹管理平台的专业服务机构。联盟组建要在各片区所在区文化创意主管部门、片区现有运营管理机构或龙头企业当中，选取一家凝聚力、影响力、统领性强的单位作为联盟牵头单位，同时要吸纳功能区内各片区及园区的各类现有管理机构、具有较强影响力的行业协会、行业龙头骨干企业等关键主体共同参与。

功能区联盟要在工作协调、产业引导、平台建设等方面切实发挥作用，承担两类职能：一是市场化职能，促进功能区内文化创意行业之间的联合化、链条化、系统化发展，探索促进本功能区与周边区域之间的多元化合作模式，探索促进本功能区与国内外同行业之间的交流合作，提升本功能区在行业发展、区域发展中的竞争力、影响力和辐射力。二是上级政府的延伸职能，包括功能区运营管理和组织协调、统筹推进功能区主导产业发展等多项职责，及协助开展统计监测、品牌宣传、推荐申报各类评优评奖等职能。

（三）建立运行主体明确的片区运营机制

针对新建园区和既有园区改造的具体情况，统筹考虑现有功能区及各片区管理的多头多元、各自为政、主体缺失或者较弱等问题，因地制宜、立足实际，加快明确运营管理主体，在全市统筹和功能区联盟化管理下推进片区自治。

对于自发集聚的功能区，要强化政府引导，通过设立派出机构、引进培育管理主体、支持龙头企业打造服务平台等方式，建立健全运营管理体系。对于四至范围清晰、空间集中连片、统一开发建设的，要优先推行园区化管理模式，强化管委会职能。对于土地权属归属于大学、国有企业、村集体且需要开发或改造利用的，支持产权方通过市场化方式吸引各类社会资本和专业机构参与投资建设，建立专业化的运营管理机构。对于包括众多社会单位、构成单元复杂的开放式区域，探索与街道社区、市场街区有机融合、多元共治的管理模式。对已有管理运行主体的，要积极创新园区运营管理制度，推动各类经营主体从园区运营者到区域产业撬动者、从房东到服务集成商再到平台运营商的转变提升。

第十五章 功能区建设发展用地

近年来，伴随文化创意产业快速发展、规模持续提升，产业经营活动的空间载体需求不断增长，土地资源和建筑载体的开发利用已经成为关系功能区建设发展的重要因素，成为制约文化创意产业发展的重要瓶颈。统筹考虑国有建设用地供应、存量空间盘活改造和集体建设用地利用等不同方式，进一步创新完善建设用地政策体系，满足文化创意产业发展的空间需求，是当前功能区建设发展亟待研究解决的基础命题。

一、功能区建设用地供给现状

与传统的工业园区、高新技术开发区主要采取国有建设用地模式进行园区式、大面积一级开发不同，文化创意产业功能区是在多年建设发展、多种情况并存的基础上，整合各种空间资源来规划的。盘点全市功能区建设发展的土地利用情况，大体可分为利用国有建设用地、存量空间改造和利用集体建设用地三类。从功能区建设角度看，不同类型的土地在支撑文化创意产业发展方面有着显著的差异。

（一）国有建设用地开发情况

根据国家《城市用地分类与规划建设用地标准（GB50137 - 2011）》（中华人民共和国住房和城乡建设部公告第880号），城市建设用地共分为居住用地、公共管理与公共服务设施用地、商业服务业设施用地、工业用地、物流仓储用地、道路与交通设施用地、公用设施用地、绿地等8类17小类。现有用地标准中没有专门针对文化创意产业的分类。

在实际发展中，与文化创意产业相关的用地包括两类：第一类为公共管理与公共用地范畴（A）中的文化设施用地（A2），侧重于提供图书展览设施、文化活动设施等公共文化服务设施用地需求，该类项目主要由政府投资兴建，土地主要通过无偿划拨获得；第二类为商业服务业设施用地（B），包括商业设施用地（B2）、娱乐康体用地（B3）、综合用地等，主要是由国有建设用地供应，由企业通过招拍挂方式获得。在市场操作中，文化创意产业新增建设用地主要来源于后者。

根据《北京市城乡规划用地分类标准》（DB11/996—2013），北京市文化创意产业用地主要适用的土地分类为商务用地（B2）、娱乐康体用地（B3）和综合性商业金融服务业用地（B4）3 大类中的 4 小类，具体包括：艺术传媒用地（B22），主要用于文艺团体、影视制作、广告传媒、新闻出版、广播电视台等用地；研发设计用地（B23），可以用于以科技研发、设计等为主的企业办公用地；娱乐用地（B31），主要用于剧院、音乐厅、电影院、歌舞厅、网吧以及绿地率小于 65% 的大型游乐设施等用地；综合性商业金融服务业用地（B4），主要是集商业、商务、娱乐等内容为一体的设施用地。在实践中，功能区内文化创意产业用地除涉及上述分类外，还来源于其他多功能用地（F3），该土地主要用于安排除居住之外的其他互无干扰设施的混合用地，满足酒店、办公楼、商场等用地需求。

对于 20 个功能区，近年来由政府大力推动、整体规划打造的一些产业基地，都采取了征用土地，通过供应国有建设用地方式进行了开发建设。比如大兴星光影视园、中国（怀柔）影视基地和位于通州的环球影城项目等。另外，在一些没有进行整片开发的局部地区，也有部分通过获得国有建设土地使用权开发建设的商业楼宇，转型发展文化创意产业的。

（二）存量空间改造利用情况

自 20 世纪五六十年代以来，随着北京工业化建设，全市布局形成了通惠河北工业区、通惠河南工业区、南郊工业和仓库区、石景山工业区、清河工业区、酒仙桥工业区、垡头工业区、丰台工业区、衙门口工业区等十大工业区，[1] 主要集中分布于城六区内。改革开放后，特别是2000年以来，为推进城市化建设、优化调整产业结构、改善城市环境，以及举办2008年奥运会，全市逐步引导三、四环路内工业企业分批有序搬迁和淘汰退出，低端产业业态和传统工业制造企业逐步退出城市中心区，形成了大量的工业设施、厂房、仓储设施等腾退遗留资源。据原北京市工业促进局统计，1985年到2005年，北京中心城区工业企业搬迁286家，置换出工业用地12.07平方公里；2008年前后，北京焦化厂、化工二厂、北京有机化工厂、北京福田建材公司、北京齿轮总厂等在内的75家单位启动了搬迁计划，置换用地面积达到5.70平方公里。[2] 由于这些遗留工业建筑具有独特的工业风貌特征，且其内部的巨大、独特空间为众多从事文化艺术生产的机构和个人提供了宽松的创作发展环境，受到了文化创意产业从业者的青睐。

2006年，本市提出大力推动文化创意产业发展战略，产业发展的空间载体需求和工业企业转型腾退释放的空间利用需求，形成了较好的供需契合点。因此，除一些工业用地被用于房地产开发等其他用途外，不少企业积极盘活利用腾退的工业设施、厂房等资源，改造引入文化创意产业等新产业。同年，本市发布了《北京市促进文化创意产业发展的若干政策》（京办发〔2006〕30号），明确提出鼓励盘活工业厂房、仓储用房、传统商业街和历史文化保护街区等存量房地资源，用于文化创意产业经营，经认定后，原产权单位以划拨方式取得的土地使用权保持不变，政府可暂不对划拨土地的经营行为征收土地收益。2007年，原北京工业促进局发布《北京市保护利用工业资源，发展文化创意产业指导意见》（京工促发〔2007〕129号），提出了较为系统的保护和利用工业资源的推进措施。2010年，北京市人民政府办公厅出台了《进一步鼓励和引导民间资本投资

① 施卫良，等．北京中心城（01－18片区）工业用地整体利用规划研究［M］．北京：清华大学出版社，2010.

② 焦芳．北京工业资源转化文化创意产业现状调查［J］．中国经济周刊，2014（24）：58－60.

文化创意产业若干政策》（京政办发〔2013〕52 号），对民间资本改造存量设施资源发展文化创意产业和文化设施给予总投资 20% ~30% 的补贴。

据不完全调研，近十年来，未拆迁的老工业区中，有近七成园区转化为文化创意产业园区。从 20 个功能区来看，已完成工业厂房改造利用的部分文化创意产业园区已经成为功能区的重要组成部分，典型的如新华 1949 文化设计创意园区、798 时尚创意功能区、北京时尚设计广场、莱锦文化创意产业园、尚 8 文化创意产业园、西十筒仓创意广场（首钢主厂区）等。盘活利用好腾退的工业设施、厂房等资源，成为优化产业结构、发展文化创意产业、引进高端产业业态的重要支撑。

表 15 -1　北京市工业园区转型发展文化创意产业园区典型案例

区位	序号	名称	改造时间	原址名称	重点发展文化行业
东城区	1	BICD 北京国际创意设计苑	2008 年	北京京纸集团	设计产业
西城区	2	新华 1949 文化金融创新中心	2012 年	北京新华印刷厂	文化创意、金融创新、设计产业
朝阳区	3	798 时尚创意功能区	2002 年	北京华北无线电联合器材厂 798 厂	文化艺术品设计交易
	4	北京时尚设计广场（751D. PARK）	2011 年	北京华北无线电联合器材厂 751 厂	时尚设计
	5	惠通时代广场	2003 年	北京北方工业锅炉厂、北京豆制品工业公司及北京食品开发公司	文化传媒产业
	6	莱锦创意产业园	2011 年	京棉二厂	传媒出版产业
	7	尚 8 文化创意产业园	2007 年	北京市电线电缆总厂	传媒、设计、时尚、艺术等创意产业
海淀区	8	中关村 768 创意园	2011 年	北京大华无线电仪器厂	以工业设计创意产业为主
丰台区	9	北京易通时代广场	2014 年	北京显像管总厂	以文化创意产业为主
石景山区	10	西十筒仓创意广场	2014 年	首都钢铁公司	以文化创意、文化休闲娱乐产业为主

未来，随着京津冀协同发展战略的深入实施，全市特别是城六区加大疏解非首都功能，严控新增建设用地，将进一步释放存量空间资源，对于功能区建设发展有着积极的意义。存量空间资源改造利用潜力主要体现在三个方面：一是尚未转型或正在转型发展文化创意产业的工业园区将越来越多，未来可能会逐步纳入功能区范畴；二是大多数功能区仍有文化创意产业以外的其他产业类型，其中进一步疏解不符合首都功能的传统产业业态，将带来一定的腾退空间；三是《北京市文化创意产业发展指导目录》（京政办发〔2016〕23 号）进一步提出了 58 个限制发展和 20 个禁止发展的文化创意项目类型，未来文化创意细分行业结构的优化升级也将带来一定的腾退空间。因此，在今后的功能区规划建设发展中，如何统筹利用好存量空间是关系文化创意产业发展的重要命题。

（三）集体建设用地利用情况

集体建设用地是指乡（镇）村非农业建设所使用的土地，主要包括乡（镇）村公益事业用地、公共设施用地以及农村居民住宅用地。集体建设用地所有权归集体所有，农民享有使用权，无使用期限规定。近些年，随着文化创意产业发展对空间需求的增长，一些城乡接合部的农村地区，借助毗邻都市的区位优势、廉价租金的成本优势、自由开放的空间环境，成为吸引文化艺术人才集聚的重要区域。比如通州的宋庄，艺术家通过长期租赁或者购买农村居民点的宅基地或者占地建房，来改造成工作室进行艺术创作，汇聚了全国和全球的艺术家，已经发展成为北京乃至全国规模最大、国际知名度最高的艺术家群落，形成了较强的集聚效应。又如朝阳北岸 1292 三间房创意生活园区，引入投资主体整体租用朝阳区原三间房乡三西村的农村集体建设用地进行二次改造开发，并作为文化创意产业园区运营，其物业使用者向投资开发者签订 40 年租赁合同。[①] 此外，在朝阳区崔

① 戴承良．农村集体建设用地或将用于发展文化创意产业［EB/OL］. http://blog.fang.com/20942931/11080946/articledetail.htm.

各庄乡的黑桥村、草场地村、何各庄村，以及昌平区兴寿镇等，还有一大批城乡接合部地区形成了较强的文化艺术人才集聚氛围。

当前，国家正在积极探索农村集体土地入市试点，同时随着北京深入推进城市化和城乡一体化发展进程，还会有一大批农村集体土地将转为国有建设用地进行开发。在未来的文化创意产业发展和功能区建设中，农村集体土地仍将是一个重要的供给来源，结合不同农村地区的特点条件，进一步探索文化创意产业和农村建设发展的结合模式、合作机制是功能区建设的重要内容之一。

二、功能区建设用地存在问题

在功能区实际开发建设中，当前的土地利用大体可归结为两个类型。第一类是功能区各项基础条件较为成熟，是利用已有设施进行转型再造的，这些功能区主要是进行存量土地二次开发，面临的土地使用问题主要表现为工业厂房改造和土地用途转变等产权方面相关情况；第二类是处于规划建设和初级成长阶段的功能区，这些区域不少是走征地、拆迁、安置、补偿的一级开发模式，面临的主要问题是土地上市后如何确保发展文化创意产业。这两个层面的问题集中具体表现在以下四点。

（一）老旧工业厂房改造利用存在诸多政策实施难点

尽管北京市利用工业资源发展文化创意产业已经取得了显著进展，但在实际操作中，利用工业厂房发展文化创意产业的模式主要还是物业租赁，具体操作仍面临几个方面的政策难题。

一是老旧工业厂房改造土地用途转变难。现有老旧工业厂房在土地性质上是工业用途，如果开展老旧厂房改造、利用原有工业用地立项发展文化创意产业项目，需首先报请政府相关部门改变土地用途。虽然《中华人民共和国城市管理法》明确提出可以通过签订土地使用权出让合同变更协议或者重新签订土地使用权出让合同，并补缴土地出让金的方式完成土地用途的变更政策，但国家层面尚未明确盘活工业用地相关具体操作细则及配套政策。在实际操作中，大多数改造园区均未转变土地用途，很多是进行整体租用改造后再出租，这导致了文化创意企业项目招商引进难和项目注册难。另外，按照现行的土地分类标准，改变土地用途用于发展文化创意产业，企业或者园区建设运营机构需缴纳高出原有工业用地数倍的土地出让金，资金压力巨大，难以平衡经济利益。所以，除了拆迁走房地产开发路径外，目前在保留工业厂房框架下改造发展文化创意产业的一般不进行土地变更。目前工业用地的产业用房只能按整栋方式办理一个房产证，使用者无法进行产权分割，亦无法转让和再开发，导致新入驻企业无法在改造后的空间载体上注册文化创意企业，往往需要与相关政府部门单独协商沟通，争取特殊政策支持。

二是老旧工业厂房改造审批手续难。由于老旧工业厂房改造后，建筑用途、建筑面积、建筑安全管理需求等方面发生了很大变化，在现行规划和国土部门对老旧厂房改造尚无操作性指导文件和执行标准的情况下，安监、消防、环保等部门对改造建筑的新增面积和功能难以正常审批，从而导致改造建筑无法办理后续相关文件，严重影响了企业招商和入驻。[①] 目前，北京市改造老旧工业厂房办理相关手续需要采取“一事一议”的方式，单独与有关部门进行协调。但是，由于缺乏法律法规政策的明确界定，实践中即使办理了相关建筑手续，仍然存在土地用途与性质不一致的政策违规等问题，改造利用仍然存在一些法律风险。

三是对企业动态更新利用土地的激励约束机制不完善。从现行土地出让制度看，目前法律仅规定工业用地使用权的出让最高年限为50年，而缺乏对工业用地退出的相关规定。各地在设定工业用地出让年限时，普遍按最高年50年出让工业用地，而实际上大部分私营企业的正常成长周期为8～12年，国有企业的业务或项目周期也远低于出让年限，过长的出让年限容易导致企业更愿意囤地，在企业或项目的生命周期结束后不愿退出土

① 郑庆杰．关于工业用地弹性出让与租赁的几个问题［J］．黑龙江国土资源，2014（7）：56－57.

地。同时，按照现行土地收储机制，更新改造地块需要先由政府进行收储，形成净地后再公开出让，由竞得土地的公司进行开发，而原土地使用权人难以获得相应的土地增值收益。所以，在有限的土地资源条件下，原有企业掌握的土地资源和新兴企业发展的资源需求之间，出现了资源上的错配。因此，建立有效的土地动态更新利益机制，完善相应的激励约束制度，是从根本上解决资源供需矛盾，推动产业持续健康发展的根本问题。

（二）利用集体土地发展产业面临城乡二元体制约束

在城乡二元土地制度下，法律规定“城市土地为国家所有，农村土地为集体所有，农民集体所有的土地使用权不得出让、转让或者出租用于非农业建设”，即集体建设用地只允许本组织或成员取得使用权，其他单位或个人若要使用集体建设用地，均应先将集体土地征收为国有建设用地，再由国家将土地使用权通过上市交易（或行政划拨等方式），出让给土地使用者发展非农产业。同时，法律规定集体土地所有权主体是农民集体，必须由集体经济组织进行经营管理。

而从当前利用镇村集体土地发展文化创意产业来看，还存在一些与国家相关制度、政策规定不一致的情况。如文化艺术品交易功能区的宋庄片区在艺术人才集聚过程中，艺术家购买或长期租用农民住房与我国现行土地制度就有冲突，[①] 为发展文化创意产业而大量新建的美术用品店、画廊、工作室等均没有审批手续，属于违法建设。[②] 另外，随着大量非本地居民入驻，艺术家等外来人群对土地需求的日益增加造成村庄集体建设用地被动、无序扩张，成为新型城镇化建设和非首都功能疏解中的重要难题。而且，随着一些大型文化艺术企业入驻，对集体土地及其厂房、办公场所等地上物的产权需求和正规审批手续需求日益增加，对于集体建设用地与国

---

① 郝凌佳，钟悠，王承慧．弹性规划理念下的文化创意产业集聚区规划探讨［J］．规划师，2015（7）：73－79.

② 赵之枫，张建，陈喆．北京郊区原生聚落式文化创意产业集聚区规划建设研究［R］．2012中国城市规划年会．

有建设用地同权同价推进文化创意产业发展的要求更加强烈。

因此，在我国城乡二元体制的一种基本制度框架下，在国有建设用地总量控制日益紧张的情况下，如何突破集体建设用地发展文化创意产业的瓶颈，进一步释放集体建设用地的活力，是下一步功能区建设发展需要重点解决的问题。

（三）文化创意产业企业难以直接介入用地出让竞价

2014 年以来，国家出台了《关于推进文化创意和设计服务与相关产业融合发展的若干意见》（国发〔2014〕10 号）、《关于支持新产业新业态发展促进大众创业万众创新用地的意见》（国土资规〔2015〕5 号）、《关于支持电影发展若干经济政策的通知》（财教〔2014〕56 号）等一系列政策，提出了解决文化创意产业用地问题的措施，要求各地结合实际，确定当地重点发展的新产业，以先存量、后增量的原则，优先安排用地供应。其中，对于新业态项目土地用途不明确的，可在现有国家城市用地分类基础上制定地方标准，向社会公开后实施，这为文化创意产业用地提出了一些可突破的方向性政策。

但是，政策落地仍然受到现有土地管理制度限制。根据国家相关法律法规，目前文化创意产业获取用地必须经过“招拍挂”手续，由价高者得。由于文化创意企业多为轻资产运营，在土地竞标上无法与财力雄厚的房地产企业、金融企业等竞争。如果在功能区土地招拍挂出让中仅考虑价格因素，对产业用途、主体资格等不做限制，有意向入驻功能区的文化创意企业会因为资金、竞争力不足无法中标，出现符合当地文化创意产业发展方向的项目无法落地，拿到地的企业往往不发展文化创意产业的情况，背离了功能区的发展初衷。

三、国内各地区土地利用实践

为缓解建设用地增量控制与新兴产业用地需求之间的实际矛盾，国内各地区围绕盘活工业用地和集体建设用地，在国家未有明确操作性政策细则的情况下，自下而上开展了大量的实践探索。其中，国有工业用地盘活方式主要包括土地收储、原业主自行改造、市场改造等模式；集体建设用地盘活方式主要是出台集体建设用地使用权流转的管理条例，允许集体经营性建设用地直接入市。

（一）工业用地盘活利用的地方实践

1. 土地收储模式

将闲置土地收储是地方政府盘活存量工业用地的主要途径。政府以收回、收购或者置换的方式取得已经划拨或出让的土地，并在再次出让的过程中，调整土地利用方式，以提高土地的利用效率。在这种模式下，政府通常对原业主进行补偿，补偿标准各地不尽相同，一般有货币补偿和用地置换两种补偿形式，其中用地置换通常不会改变土地的用途。货币补偿则可以分为以下两种类型。**一是单一补偿方式。**单一补偿方式在具体操作模式上分为以下四个类型：第一，按照基准地价进行补偿，福州、宁波以及台州是将工业用途基准地价或改变用途后的土地基准地价通过不同方式进行计算，以确定其土地收购补偿；第二，根据土地原用途在现时点的评估价值对原业主进行补偿，在评估地价时通常需要考虑土地用途、剩余使用年限、区位等因素，深圳、南京以及湖州等地区均在其土地储备相关政策中规定了采用这种方式确定土地收储补偿；第三，按土地出让价格的一定比例给予原业主补偿，广州、石家庄、莱芜、十堰等地采用这种方式确定补偿标准；第四，参考规划用途评估价确定收购改变用途的工业用地的补偿，例如昆明市收购工业和非经营性用地并规划为商业、旅游、娱乐和商品住宅等经营性用地的，依据该项目土地的原用途评估价和规划用途评估价的算术平均水平进行补偿。补偿标准的选择是在政府与原业主利益博弈下，综合考虑各方利益诉求的结果，在一定程度上保护了权利人的合法利益。①

---

①　刘荷蕾．工业用地盘活优化政策环境探析［EB/OL］．UPDIS 城市发展与土地政策研究所．http：//www.37tong.com/news/show－htm－itemid－15249.html，2015－01－24.

二是补偿＋增值收益分享方式。这种方式的收益包括两个部分，一部分是对原价值的补偿，另一部分是对于土地增值收益的分享。例如，江苏省南通市在收购工业仓储用地时，在支付原用途评估价的基础上，再增加新用途出让价与原用途评估价差额的30%作为补偿。[①] 沈阳市以划拨方式取得的工业用地，规划为住宅或商业建设用地部分的土地使用权评估值高于工业类的，在工业用地使用权评估值的基础上，按照不超过规划用途高出部分的40%予以补偿。浙江省兰溪市为了鼓励生产企业退出，在按照原用途评估价、房产（建筑物）重置评估价进行补偿的基础上，通过返还一定比例的土地出让金净收益与企业共享土地增值收益。总体来看，这种方式让原业主分享了未来规划增值收益，但从涨价归公的角度来看并不合理，且从本质来讲该部分增值属于政府公共资源的投入，应当归公。

2. 原业主自行改造模式

鼓励原业主利用存量工业用地自行改造提升是近年来地方政府在推进工业用地盘活利用时常用的一种模式。这种方式使得原业主能够参与分享土地开发未来所产生的增值收益，并鼓励原业主转型发展新兴产业业态。作为补偿，原业主需要向政府补缴地价。在深圳的城市更新和广州的“三旧”改造中，这种方式都被广泛运用，而杭州和南京也在盘活存量工业用地的相关政策中对工业企业改造开发自有土地和向政府补缴地价做出了具体规定。

表15－2　土地收储货币补偿利益分配方式

利益分配方式	确定标准	实践地方
单一补偿	原用途现时点的评估价值	深圳、南京、湖州
	参考规划用途评估价确定	昆明、南宁
	按土地出让价格的一般比例确定	广州、石家庄、莱芜、十堰
	按照基准地价确定	福州、宁波、台州

① 何芳．上海市土地收储利益分配机制创新研究［J］．上海土地，2016（3）：4－8.

续表

利益分配方式	确定标准	实践地方
补偿+增值收益分享	原用途评估价+新用途出让价与原用途评估价差额的30%	南通
	工业拥堵使用权评估值+不超过规划用途评估值高出工业用途部分的40%	沈阳
	原用途评估价+房产（建筑物）重置评估价+一定比例的土地出让金净收益	兰溪

3. 市场化改造模式

为了推进工业用地盘活，部分城市通过放宽存量工业用地转让条件，引导和鼓励市场主体参与工业用地的二次开发，主要有两类形式。第一类是产权的分栋、分层、分单元分割转让，其核心是转让购买。第二类是除了转让以外，市场主体还可以通过其他方式与原业主合作，参与工业用地盘活。

表 15－3　各地关于工业用地产权分割销售的政策规定

城市	政策名称	政策内容
上海	《规划土地政策支持高新技术产业化，促进经济发展方式转变和产业结构调整若干意见》（沪规土资综〔2010〕952号） 《关于本市盘活存量工业用地的实施办法》（沪府办〔2014〕25号） 《关于加强本市工业用地出让管理的若干规定（试行）》（沪府办〔2014〕26号）	在不改变土地用途的前提下，允许开发单位在出让年期内长期持有一定比例物业产权的基础上，将剩余部分进行分割转让，分割尺度相对较小 对研发总部通用类做出明确规定："1. 可出租，建设用地使用权人须持有70%以上的物业产权，剩余部分可分割转让。2. 土地房屋整体转让和分割转让的，需经出让人同意，也可按照出让合同约定，由出让人或园区管理机构优先收购。采取土地房屋整体转让的，应纳入全市统一土地交易市场实施"
南京	《关于进一步规范工业及科技研发用地管理的意见》（宁政规字〔2014〕1号）	科技研发用地及地上房屋需要分割转让、销售的，由开发园区、紫金特区、功能板块管理单位在土地出让预申请时提出，存量工业用地改变为科技研发用地的，由用地单位在申请时提出，但分割转让、销售的面积不得超过总建筑面积的50% 科技研发用地及地上房屋分割转让、销售，需经开发园区、功能板块管理单位同意，分割转让、销售的对象须为符合开发园区、功能板块管理单位规定条件的科技研发企业或机构，不得转让、销售给个人

续表

城市	政策名称	政策内容
东莞	《东莞市科技企业孵化器产权分割管理暂行办法》（东府办〔2015〕85号）	在国有或集体工业用地、科研用地和商业用地上，以科技企业孵化器为主要建设内容的园区或者企业，包括新建和已建的科技园均可以申请产权分割 符合规定的科技园区产业用房将可以“分栋、分层”进行分割销售，还可以按基本单位的“分室”进行分割销售，并且提出房屋受买人在购买产业用房后可以申请办理独立房产证，并可再次转让
北京	无明确政策	北京市未明确规定工业用地产权分割转让问题，但是在实际中工业用地上的独栋办理产权分割销售许可证件也可以采取部门协调的方式“一事一议”办理，只是流程和手续相对复杂。目前，北京的大多数园区开发商基本都走了这套程序，为旗下园区项目办了产权分割

（二）集体建设用地利用实践案例

1. 西红门创新集体用地“拆十建二”统筹调整模式

西红门镇地处大兴新城北部，辖区总面积31.2平方公里，北与丰台接壤，南临黄村卫星城，是北京的南大门。西红门镇全镇建设用地主要集中在大兴新城北部，其余用地位于第二道绿化隔离带范围内。全镇各村工业大院面积总计9.53平方公里，其中有集体土地使用证和国有使用权证的仅占总面积的21%，其余用地均无使用手续。为集约利用土地，实现产业升级、生态改善，2011年，提出了通过拆除10平方公里工业大院，还建约2平方公里建设用地，实现8平方公里规划绿地的“拆十建二”方案，最终实现建设用地总量控制和调整目标。①

“拆十建二”方案得到批复后，镇内全面启动了以村集体为主的工业大院拆迁工作，给予企业合理补偿，拆迁工作得以顺利进行。经过5年的

① 韩松．论农村集体经营性建设用地使用权［J］．苏州大学学报（哲学社会科学版），2014（3）：70－75.

努力，西红门镇已初步实现了将20%的工业大院用地转变为产业用地的工作目标，实现了土地集中，完善了土地管理机制，实现镇级联营公司集中管理。集体建设用地进一步集中整理和开发建设，为全镇实施“退二（产）进三（产）”的产业战略，建立以现代服务业为基础、以文化创意产业及都市产业为补充的产业体系提供了有力的空间载体支撑。在产业用地逐步规范的前提下，西红门镇先后引进各类高端产业项目，如国家新媒体产业基地——星光文化创意产业园区、北京轻纺服装产业基地等，成为区域经济发展的重要增长极。

2. 东升乡的存量资产统筹开发建设模式

东升乡位于海淀区东北部，辖区面积54.6平方公里，整个乡域东与朝阳区相连、紧邻国家奥林匹克公园，西至中关村大街，南至西直门，北至西三旗与昌平区接壤，地理位置优越。全乡有集体土地9.6平方公里，占乡域面积的17.6%。现被誉为“东升模式”核心载体的东升科技园，园区一期项目用地过去是东升镇锅炉厂、印刷厂、拔丝厂等乡镇老工业企业的所在地。随着中关村核心区建设步伐加快，拓展需求日益强烈，传统乡镇老工业企业已不再符合区域发展定位。2009年，东升镇提出关闭乡镇老工业企业，利用腾退的集体自有产业用地规划建设高科技产业园的思路。①

在此背景下，东升乡先期开始对乡级直属企业进行产权制度改革，在3个新组建专业公司的基础上，成立了三个股份合作社，确立了股份社对乡集体资产的所有者代表地位。股份合作社的建立，使镇内集体经济雄厚的资金实力得以发挥，东升乡开启了对原有工业关闭腾退、升级转型的新时代。2009年，东升乡成立博展股份经济合作社，为其下属的股份经济合作社之一，负责推动东升科技园建设。②

通过关闭乡镇老工业企业，东升乡先期腾退、整合出了产业用地120

---

① 陈雪原，等．城乡结合部农民就地城镇化的路径选择与机制设计——以北京市东升科技园集体建设用地开发案为例［J］．中国经贸导刊，2013（9）：26－27.

② 韩松．论农村集体经营性建设用地使用权［J］．苏州大学学报（哲学社会科学版），2014（3）：70－75.

多亩，利用集体经济资金对旧厂房进行改造，集体投资将园区基础设施接入市政管网，在自有集体土地上建设起了东升科技园。东升科技园保留集体用地产权性质不变，由集体经济组织进行运营，并将股份细分给村民个人，实现了集体资产的共同持有、共同获益。东升科技园所属物业可以出租，但不能出售。

东升科技园的开发建设、运营管理不仅得到了市场的广泛认可，推动园区产业得到良好升级发展，其利用自主投资、自主建设、自主经营的“三个自主”发展模式也得到了市政府认可。2013 年，镇集体所有的东升科技园 11 栋房屋获得了北京住建委颁发的房屋所有权证，成为北京市当时唯一获得正式房屋所有权证的集体住宅项目。

四、功能区建设用地相关建议

近两年，为了推动文化创意产业发展和城市化进程，国家和北京市出台一系列指导性政策，对改造利用工业厂房等存量设施发展文化创意产业给予支持。但在具体实施方面，对于文化创意产业的用地支持，目前缺乏操作性细则。在下一步发展中，以功能区规划为契机，建议结合非首都功能疏解，统筹考虑各区域的细分产业及土地性质，细化完善相关政策。

（一）推动文化创意产业用地纳入分类标准

按照“先存量、后增量”的原则，落实国家“各地在现有国家城市用地分类的基础上制定地方标准予以明确新产业、新业态用地类型”的要求，建议由市文资办会同市规划国土委，研究将文化创意产业用地纳入城乡建设用地分类标准，进一步明确不同细分行业类型文化创意产业用地的土地类型及土地供应方式，争取在功能区率先试点实施。在北京城市总体规划和土地利用总体规划中，将功能区及重大项目用地优先纳入城市空间发展规划以及区域土地供应计划，优先保障北京市文化创意产业重大项目落地。

（二）强化功能区土地出让的前置性引导

针对功能区新建项目用地通过招拍挂方式难以由文化创意企业取得土地的情况，建议市文资办联合市规划国土委出台支持文化创意产业项目落地功能区的土地出让指导政策，探索创新功能区文化创意产业用地供给中的竞地主体资格预审管理等机制。通过对参与竞价企业实施资格预审等前置审批工作，将企业资质、产业内容、经济效益等作为土地供应的前置条件，对通过资格预审的企业开展土地挂牌出让，推动符合首都功能的文化创意产业项目顺利落户功能区。在土地供应成交后，要求土地使用权取得人提交项目用地产业发展承诺书，作为签订土地合同的前提条件和后期监管的重要依据。

配合文化创意产业供地预审制度实施，各功能区运营管理机构结合实际，进一步完善文化创意产业用地准入指标体系，包括投资强度、容积率、单位用地产值、单位用地达产税收、产业类型、生产技术、产业标准、产品品质要求等，对不同业态用地供给方式和供地年限实行差别化管理，进一步提高土地供应的针对性、导向性和有效性。

（三）创新功能区老旧厂房改造利用政策

开展各功能区低效用地调查摸底工作，编制低效用地盘活整治方案，优先支持文化创意产业用地。引导功能区制造业、科技创新企业利用现有存量办公空间，拓展发展文化创意相关业态，积极孵化新的文化创意产业企业。推动功能区开展腾退土地和零散老旧厂房二次利用的统筹规划，将土地利用与园区产业转型发展有机结合，引导同类型文化创意企业的产业链集聚，进一步凸显龙头文化创意企业的带动效应和平台效应。强化全市对老旧厂房工业利用的沟通交流，推动老旧厂房改造利用的差异化、互补化发展。

出台功能区老旧厂房改造利用管理办法，创新突破老旧厂房改造利用政策，重点推广原业主自行改造和市场化改造两种模式。第一类模式重点鼓励原土地权利人采取存量补地价的方式，按照规划用途兴办符合规划的文化创意产业。在不改变土地用途的前提下，允许企业利用现有存量土地采取联营、嫁接等方式进行合资合作经营，组建国有公司为主体、原土地权利人参与的联合开发体，探索以土地及地上建筑物经评估后作价入股的方式，促进土地二次开发。第二类模式重点通过放宽存量工业用地转让条件，与市规划国土委等部门研究明确相关操作细则，对功能区试点实施产权分割转让机制，实现分栋、分层转让，便于文化创意企业开展工商注册等。同时鼓励市场主体与原业主合作，发挥各自比较优势，盘活工业用地发展文化创意企业。在转让过程中，适度放开老旧厂房转让范围，建立转让时限控制、准入资格审查、政府优先购买和转让增值分配等制度。鼓励出台专项政策对功能区老旧厂房改造工程予以支持。

（四）率先实施新兴产业用地过渡期政策

落实国家六部委关于新兴产业用地的创新政策，在功能区内率先实施以下几个方面的政策：一是对功能区内已经批准征收但未能正常使用的土地，允许通过撤销或调整原批准文件，以定向供应方式供给文化创意产业项目使用。二是支持功能区在不改变用地主体、规划条件的前提下，利用存量房产、土地资源发展文化创意产业的，可实行继续按原用途和土地权利类型使用土地的过渡期政策。过渡期满，可根据企业发展业态和控制性详细规划，确定是否另行办理用地手续事宜。三是支持功能区内企业创业基地、高校、科技院所等机构，利用存量房产兴办专业化文化创客空间、创新工场等，符合北京市相关部门认定标准的，可实行继续按原用途和土地权利类型使用土地的过渡期政策，可支持企业开展工商注册等手续。四是转企改制的国有和国有控股单位利用自有土地进行文化创意产业项目开发，除非经营性用地外，可依法以补交土地出让金的方式，优先获得土地使用权。国有企业将划拨土地用于文化创意产业项目的，可以作价出资或者授权经营方式处置其划拨土地使用权。五是文化事业单位享有使用权的土地、房产、建筑物，在满足主业需要后仍有闲置，且符合城市规划的，可依法进行开发经营、租赁或转让。六是工业用地转性中，在土地使用权主体不发生改变的前提下，允许不通过“招拍挂”，直接补交地价款等转性成本，改变土地用途。土地使用者利用已取得的非经营性用地兴办文化创意产业的，可以通过协议出让、作价出资、租赁等方式供地。

（五）探索集体土地发展文化创意产业新路径

鼓励集体土地使用权人以土地使用权联营、入股等形式兴办文化创意企业，盘活利用闲置土地和低效集体建设用地。鼓励农村集体经济组织利用非农建设用地和征地返还用地等存量土地，通过自行建设或者合作开发方式，为周边文化创意产业单位提供产业配套住房。

（六）完善功能区产业用地全过程管理机制

建立功能区文化创意产业用地协调推进机制，由功能区运营管理部门会同相关企业每年研究制定新增和改造文化创意产业用地的需求计划。成立全市功能区文化创意产业用地协调小组，市文资办协调市规划国土、工商等相关部门，研究提出用地布局、协调土地供应和建设时序意见。国有建设用地供应计划报市、区人民政府批准后组织实施。建立功能区统一的文化创意产业用地数据库和信息化平台，将文化创意产业用地的经济、社会、环境指标以及土地使用条件、利用绩效等履约情况纳入平台管理，加强对功能区内文化创意产业用地情况的评价、核查和监督管理。对需享受文化创意产业用地特殊政策的市场主体，应向规划国土部门提供项目符合条件证明文件，经登记备案后执行。

第十六章 功能区产业投融资服务

产业投融资是通过配置资金、资本、资源来服务和推动产业发展的相关活动，包括投资和融资两个方面。文化创意产业投资是指投资者将资金注入文化创意产业，以获取预期收益的经济活动；文化创意产业融资是指文化创意企业为扩大经营范围开拓文化市场，通过金融机构、企业及个人等渠道集资的经济活动。完善功能区产业投融资服务是提升功能区产业促进能力、推动文化创意产业快速发展的重要手段。

一、功能区产业投融资服务体系现状

近年来，伴随着文化创意产业的快速发展和金融体系改革的逐步深化，在国家和本市政策的大力引导以及市场因素的自发推动下，文化企业与金融体系逐步对接融合，促进了文化产业投融资的兴盛发展。加快完善文化创意产业投融资政策不仅成为政府工作的着力点，也成为功能区资源配置和服务体系构建的重要内容。

（一）文化创意产业投融资政策环境逐步优化

近年来，北京市不断完善文化创意产业投融资服务体系，功能区产业投融资服务体系的政策配套日趋完善，为功能区进一步完善文化创意产业投融资服务体系提供了重要基础。一是制定宏观性的金融引导政策，如《关于金融支持首都文化创意产业发展的指导意见》（银管发〔2009〕144号）、《关于金融促进首都文化创意产业发展的意见》（京金融〔2012〕270号）等等。二是加大政府资金支持力度，探索项目补助、项目奖励、项目贷款贴息、项目贴租、项目贴保等多种支持方式。已设立的北京市文化创意产业发展专项资金、文化创意产业集聚区基础设施专项资金、文化创新发展专项资金等专项资金等都为功能区建设发展提供了重要支撑。三是在贷款、担保、风险补偿、知识产权质押等投资融服务所涉及的各环节、各链条都出台了针对性的政策。（详见表 16－1）

表 16－1　北京市文化创意产业投融资主要政策

类型	政策名称	发布主体	发文号
政府专项资金支持政策	《北京市文化创意产业发展专项资金管理办法（试行）》	北京市财政局	京财文〔2006〕2731 号
	《北京市文化创意产业集聚区基础设施专项资金管理办法》	北京市发展和改革委员会	京发改〔2007〕1498 号
	《北京市文化创意产业创业投资引导基金管理暂行办法》	北京市文化创意产业领导小组办公室	京文创办发〔2009〕7 号
	《北京市文化创新发展专项资金管理办法（试行）》	北京市财政局	京财文〔2012〕1440 号
金融市场融资支持政策	《北京市文化创意产业贷款贴息管理办法（试行）》	北京市文化创意产业领导小组办公室	京文创办发〔2008〕5 号
	《北京市文化创意产业担保资金管理办法（试行）》	北京市文化创意产业领导小组办公室	京文创办发〔2009〕3 号
	《关于金融支持首都文化创意产业发展的指导意见》	中国人民银行营业管理部、中国银行业监督管理委员会北京监管局	银管发〔2009〕144 号
	《关于做好文化金融工作支持北京建设中国特色社会主义先进文化之都的意见》	中国人民银行营业管理部	银管发〔2012〕43 号
	《关于金融促进首都文化创意产业发展的意见》	北京市委宣传部、北京市金融工作局	京金融〔2012〕270 号
	《北京市小微企业担保风险补偿资金管理暂行办法》	北京市财政局	京财企〔2013〕1987 号
	《关于进一步鼓励和引导民间资本投资文化创意产业若干政策》	北京市人民政府办公厅	京政办发〔2013〕52 号

（二）全市层面的文化金融服务体系初步形成

为解决首都文化创意企业融资难的问题，推动文化与资本对接，市文资办于2012年6月正式挂牌成立以后，积极探索解决文化创意产业发展难题，创新文化投融资服务体系，搭建了“一个平台”、“多个支点”的文化创意企业投融资专营服务体系，打出北京市文化金融“组合拳”。[①]

一是搭建“一个平台”、“多个支点”的文化投融资服务体系。“一个平台”是指成立注册资本为60亿元的北京市文化投资发展集团（以下简称“市文投集团”），作为首都文化投融资平台和重大项目实施主体，以股权投资方式对重点文化创意企业和重大文化项目进行投资。“多个支点”是指由市文投集团发起设立的北京市文化创意产业投资基金、北京市文化科技融资担保有限公司、北京市文化产业小额贷款股份有限公司、北京市文化科技融资租赁股份有限公司、北京市文化创新工场投资管理有限公司、北京市文化产权交易中心等文化金融主体，形成“投、保、贷、孵、融、易”多支点的文化创意产业投融资专营服务体系，解决文化创意企业发展中的融资瓶颈问题。截至2015年末，市文投集团体系下设立的文创产业基金和文化中心建设基金，认购资金规模已达650亿元。

二是建立政府、银行、文化企业合作平台。市文投集团先后与国开行、进出口银行、工商银行、农业银行、中国银行、建设银行、北京银行、光大银行等14家银行建立战略合作关系，共同构建“政银企”合作机制，促进文化企业间接融资，推动银行为文化企业贷款授信额度已超过2500亿元，为文化创意企业提供融资、上市重组、银团贷款、资产证券化等一揽子金融服务。市文资办与北京证监局签订《上市备忘录》，建立首都文化企业登陆资本市场的绿色通道。搭建投资机构与文化企业对接平台，尝试打通文化创意企业的股权融资渠道。2015年，市文资办举办了以

① 刘绍坚．“十三五”时期北京文化创意产业发展思路建议［J］．北京文化创意，2016－04－09.

股权融资为主题的年度首都文创产业投融资项目推介会，推动文化创意企业开展项目路演，组织市文投集团、IDG、深创投、达晨创投、君联资本等知名投资机构参与投融资对接会。2016 年，市文资办推动文化创意产业投融资对接活动市场化、品牌化和细分化发展，开展了首都 VRAR 产业项目路演、首都影视动漫游戏项目路演等专场项目推介会，举办了首都文创产业投融资沙龙，进一步完善了文化创意企业与投资机构的对接机制。

（三）功能区层面的产业投融资体系加快建设

一是成立北京东方雍和国际版权交易中心。2009 年 2 月，北京东方雍和国际版权交易中心成立，充分发挥文化要素配置、文化资产定价、文化金融创新、文化价值转化功能，提供涵盖版权、收藏品、艺术品、消费权益、资产收益权等的交易及投融资服务，打造中国文化产权交易第一品牌。为解决无形资产价值认定和流转问题，北京东方雍和国际版权交易中心积极整合多方资源、综合利用多种金融工具，创新推出了“国资引导、社会融资、信托贷款、担保兜底”的新型融资模式——园区文化创意企业集合信托产品，推出了“版银宝”、“文资通”、“艺信通”等版权融资产品，为部分经营良好却无法从银行获得贷款的文化创意企业提供融资渠道。

二是创建国家文化金融合作试验区。在国家相关部门和市政府的支持下，市文资办与中国人民银行北京营业管理部签署战略协议，联合文化局等单位共同创建“国家文化金融合作试验区”。2015 年，市文资办与东城区人民政府联合加快启动了“文化金融合作试验区”创建工作，以中关村雍和园南片区为依托，努力搭建金融机构与文化创意企业对接、文化创意项目孵化、文化创意企业信用评估、文化要素配置、文化金融人才集聚、文化金融信息传播等六大平台，开展行业信用体系建设试点，探索文化创意企业信用贷款的融资新模式，推动文化融资担保、文化融资租赁、文化小额贷款、文化投资基金、文化信托、文化保险、文化银行等产业的集聚发展。

三是建设北京文化金融融合核心示范区。北京文化金融融合核心示范区是北京文化创新工场投资运营的首个园区，也是北京首个文化与金融高度融合的示范园区，已建成占地面积3000平方米的北京文化金融超市。目前已入驻银行、基金、租赁公司、小贷公司、担保公司、典当行、财务公司、券商、会计师事务所、公证处、知识产权服务机构、资产评估机构和信用评级机构等多类金融机构和中介服务机构。金融超市旨在为文化创新核心示范园区入驻企业提供“投、融、担、贷、保”一站式服务，形成以园区为中心，服务于全市文化创意企业的金融综合服务平台。

四是探索完善多种投融资服务模式。动漫网游及数字内容功能区的中关村石景山园管委会设立了本市首家文化创意产业银行，探索版权质押贷款、股权质押贷款、应收账款质押贷款、订单贷等创新融资产品，利用“投融一站通”等创新金融模式和产品解决文化创意企业融资难题。金融机构结合文化创意企业轻资产特性，积极创新担保融资模式，目前已推出知识产权质押融资担保、文化创意项目贷款担保、中小文化创意企业联保融资担保、剧保通担保、影保通担保等适合文化创意企业的创新型担保产品。

二、功能区产业投融资服务难点问题

经过多年培育发展，北京市文化创意产业投融资渠道已从单一走向多元，政策法规机制逐步完善，投融资结构主体趋向合理。但总体来说，以银行信贷为主的债权融资仍然是文化创意企业融资的主渠道，现有投融资服务与文化创意产业发展需求仍有较大差距，产业投融资生态仍需进一步完善，制约文化创意产业投融资的一些难点问题尚未有效解决，体现文化创意产业特点的文化金融体系还需继续创新完善。

（一）文化创意产业特殊属性导致其融资难度较大

文化创意产业价值链的核心是通过研究和开发而形成的专利权、商标权、版权、特许使用权、未来收益权等无形资产，是文化创意企业的核心竞争力。与制造业、建筑业等相比，文化创意产业轻资产的特征较为突出。无形资产由于具有独创性和独占性，市场上很难找到其替代品，往往也缺乏相近价格可供参照，在融资过程中，其市场价值评估较为困难。与厂房、机器设备等固定资产相比，无形资产的盈利能力和经济寿命受宏观政策、市场竞争力、新技术的发展更新、产品的市场接受程度、替代品的出现等影响较大，其价值波动性也大，表现出一定程度的不稳定性和不确定性。文化创意产业主要通过创意内容的发行与传播实现其最终价值，在短时间内无法产生稳定和持续的现金回报，其收益回报率无法通过投入产出的定式来计算，也容易受人力、创意、市场、技术、销售渠道控制和受众偏好等诸多因素的影响，收益具有更大的不确定性和高风险。

在以银行为主的间接融资体系下，由于多采用固定资产抵押为主的担保方式，文化创意企业的融资门槛和成本相对较高。能够通过银行信贷成功融资的，多为具有一定实力且拥有较多固定资产进行抵押的文化创意企业；大多数处于成长期的中小文化创意企业则达不到银行对抵押物和风险控制的要求，很难获得贷款。即使文化创意企业满足条件，由于议价能力低，也面临贷款审批手续繁杂、时间较长、成本较高等问题。

通过公开上市、挂牌及发行股票来进行的直接融资模式，虽然已帮助一些文化创意企业成功上市，但由于文化创意企业普遍规模小、资本金较少、缺少有效的质押物和抵押物等，经营能力和偿债能力相对较低，只有部分文化创意企业能够达到直接融资模式的标准，大多数中小文化创意企业可望而不可即。

（二）金融机构对文化创意企业的支持有待加强

近年来，金融机构也不断加大文化金融产品创新力度，但是文化金融创新实践在个别领域、局部环节的推广应用工作仍然较为保守。以银行机构为例，虽然不少银行均已明确要为文化创意企业提供授信服务，不少银行也推出诸如知识产权和应收账款抵质押等有针对性的融资产品，但由于信贷管理指标要求、对不良贷款责任认定制度等因素，在具体的业务办理中，信贷经办人员往往担心承担风险而难以落实。同时，银行的绩效考核制度只注重贷款规模和增量，信贷业务人员更倾向于向资产实力雄厚，贷款金额大、期限长，抵押物重的企业放款，主动为轻资产型文化创意企业提供贷款的动力不足。

（三）文化创意产业投融资中介服务体系不完善

文化创意企业与金融机构之间的对接合作离不开评估、登记、担保等中介服务机构的支撑和链接，中介机构在一定程度上影响着文化创意企业投融资的成败。现阶段，对于文化创意产业无形资产进行的价值评估、登记、质押等，仍然缺乏成熟的评估方法，功能区各类评估、登记、质押、担保、托管和代理机构等相关文化投融资中介服务体系仍不健全，难以发挥文化创意企业与金融机构的沟通桥梁作用。此外，大部分功能区银企、资企项目对接洽谈机制仍然不健全，既熟悉文化创意企业、又深谙金融投资的复合型人才缺乏，也是制约文化创意产业投融资发展的重要因素。

三、功能区产业投融资服务借鉴案例

西方发达国家文化创意产业发展起步早，在文化产业投融资体系构建方面也较我国有先行经验，值得借鉴。另外，中关村科技金融的探索实践，也有诸多值得文化金融发展借鉴之处。

（一）美国多采用以市场为导向的多元化融资方式

美国是文化创意产业最发达的国家，其影视业、广播电视业、报刊出版业、广告业、体育业、旅游业等都十分发达，创造就业约占全国总就业人数的6%。美国文化创意产业园区的发展得益于有效的产业扶持政策、严格的知识产权保护制度和完善的文化融资机制，尤其是多元的市场化融资渠道使得美国文化创意产业拥有强大的生命力。

美国文化创意产业园区的投融资服务体系以市场化融资为主，金融产品创新较多。主要有四类：一是投资组合引导。自1995年始，美国电影行业采用投资组合方式融资，选取 20 ~ 25 部不同类型的电影组成一个投资组合，吸引大量的社会保险资金及机构资金参与，以便于降低投资风险。二是基金引导。2004 年以后，进一步出现以私募基金为主的电影投资基金模式，通过向电影公司注资，并采用未来几年共同拍摄若干影片、共同承担本钱和共享回报的方式，参与电影产业发展，同时部分金融机构注资参与私募基金建设。三是民间融资。美国的迪士尼乐园、好莱坞环球影城、百老汇等文化设施都是吸纳民间资本投资形成的。四是引入国际资本。由于美国在文化领域的贸易保护限制，一般外国文化创意企业很少能通过产品和出口占领美国主流市场，更多的是通过资本投资进入美国文化创意产业。

此外，美国为了弥补私营金融机构在某些领域融资支持的不足，创立了联邦中小企业管理局（SBA）、社区合作银行等政策性机构，如中小企业管理局是为鼓励和扶持中小企业所设立的融资保证和资金支持机构，扶持对象仅限于年销售额在 100 万美元以下或小于一定人数的中小企业，文化创意企业只要满足中小企业的条件，就可向 SBA 申请贷款。

（二）韩国推动文化创意产业发展的投融资实践

1997 年亚洲金融危机给韩国以沉重打击，为了摆脱危机，韩国实施经济转型，1998 年韩国提出“设计韩国”战略，重点发展电子游戏、音乐及电子网络等新兴文化创新产业。经过二十多年的不懈努力，韩国已成为世界第五大文化产业强国，以“韩流”为代表的韩国文化产品风靡世界。韩国文化创意产业的快速发展离不开其构建强有力的投融资体系支撑。

归纳其做法，主要包括：一是加大政府文化产业预算。1997 年前，韩国政府对文化产业投入的资金不过 1000 多万美元，占当年政府总预算的 0.02%，目前投入占政府总预算比重已达到 1.7%。二是设立了文艺振兴基金、文化产业振兴基金、信息化促进基金、广播发展基金、电影振兴基金、出版基金等多个专项基金，用于扶持相关产业的发展。三是注重使用投资组合，采取官民共同合作的投融资模式运作“文化产业专门投资组合”，吸引社会投资。四是利用税收、信贷等经济杠杆，实行多种优惠政策，对进驻文化产业园区的单位提供长期低息贷款。五是政府主导投资建设产业园，自2001年至2010年的10年期间，全国共建10多个文化产业园区、10个传统文化产业园区、1至2个综合文化产业园区，国家为文化产业园区建设给予直接投资支持。六是加大产业要素支持力度，对于产、学、研合作培育的人才给予奖励和提供资金支持，集中资金支持重点出口项目，支持举办和参加国际性展销洽谈活动。

（三）英国强化企业主导、政府参与的融资服务

英国政府在推动文化创意产业发展方面采取了一系列有效的融资措施。一是为中小企业提供创新创业基金服务。由于英国文化创意产业从业者多为中小企业，其发展中往往会遇到缺少资金、研发投入不足、无力开拓海外市场等问题。为此，英国文化创意产业园区出版了《融资一点通》手册，公布了《创意产业资金地图》，指导相关企业从政府部门或金融机构获得资金支持，并提供政府拨款、准政府组织资助、基金会资助等各种融资渠道。二是文化创意产业园区实行政府与企业陪同资助方式，即企业决定投资某一文化创意产业，政府将陪同企业一起资助该项活动，这是英国特有的文化创意产业融资模式。政府为鼓励企业多次投资，还采用了一定激励方式，当企业第一次资助时，政府陪同资助的资金比例是1∶1，当企业再次资助时，政府将扩大出资比例，对企业超出上次出资额的部分实行1∶2的资助比例。这种方式为企业提供了丰厚的资金支持，提高了企业从事文化创意产业的积极性，显著推动了文化创意产业发展。①

（四）中关村针对不同阶段企业的梯度融资模式

中关村国家自主创新示范区强化投融资改革，针对不同发展阶段企业

① 佟贺丰. 英国文化创意产业发展概况及其启示［J］. 科技与管理，2005（01）：54－56.

的不同融资需求，以企业信用建设为基础，充分利用市场机制，采用多方合作的方式，制定了促进不同阶段企业发展的投融资模式和方案，既拓宽企业直接融资和间接融资渠道，又强化政策、资本、技术、市场资源的整合。其中，针对初创期企业融资难的问题，中关村管委会为填补“投资空白”，解决市场失灵，在全国率先设立了创业投资引导资金，实施创业投资企业风险补贴政策，促进天使投资发展，搭建创业投资促进工作平台。针对快速成长期企业担保难、贷款难问题，中关村管委会设立了针对重点企业群体的担保贷款绿色通道，组织发行高新技术企业集合信托计划和企业债券，开展信用贷款试点，搭建了专门服务于中小高新技术企业的贷款担保平台。针对稳定发展期的企业，重点实施改制上市资助政策，促进企业产（股）权流动，使企业借助资本市场进一步做强做大，积极开展中关村企业股份报价转让试点，搭建产（股）权交易平台和专业化的企业改制上市服务平台。

四、功能区投融资服务体系完善建议

当前，北京文化创意产业发展已经由初级的以经营主体建构和市场能力培育为主，向创新创业主体培育与行业资源兼并重组为主的资本化经营转变。加快完善文化产业投融资机制，对推动本市文化创意产业升级发展具有重要支撑作用。功能区需要进一步发挥资本和人才作用，在文化金融发展上迈出更大的步伐。

（一）拓宽功能区文化创意产业投融资服务渠道

按照“政策引导、信用评级、第三方担保、银行贷款”的运行模式，建立功能区文化创意企业担保融资促进平台，构建高效、低成本的担保贷款通道。搭建功能区股权投资和银行信贷联动平台，以股权 + 债权的模式，为处于初创期或成长期的中小文化创意企业提供融资。实施功能区文化创意产业投资基金细分战略，鼓励功能区成立专门投资文化创意产业项目的各类公募和私募基金，以及影视基金、出版基金、动画基金、艺术品投资基金等细分行业发展基金，探索设立功能区文化创意中小企业贷款风险补偿基金。建立功能区文化创意企业与金融机构对接机制，定期制定和推送文化创意产业项目融资手册，组织项目路演推介等对接活动。

（二）完善功能区文化创意无形资产价值评估机制

强化文化创意企业与专业化无形资产评估公司合作，对著作权、改编权、数字版权、品牌授权等无形资产的市场潜在价值进行合理评估。支持银行在园区设立特色支行、专营机构，支持园区率先探索构建针对文化创意产业各细分行业的著作权、版权等无形资产评估标准和评估体系，加强与银行、担保机构等合作，开展版权质押贷款试点。引导功能区文化创意投资机构探索适合特定行业特点的版权质押、应收账款质押、仓单质押、艺术品经营权质押、供应链融资、并购融资、融资租赁等金融品种，逐步扩大无形资产收益权质押贷款适用范围。

（三）完善功能区文化创意产业投融资中介服务体系

围绕功能区主导产业开展行业信用体系试点建设，支持金融机构建立文化创意企业融资信用评级制度，建立信用担保、信用评级、信用增进体系，推广文化创意企业信用贷款。建立功能区内文化创意企业、金融机构、管理部门的O2O信息交流服务平台，为征信机构、金融机构和文化市场主体投融资提供信息发布、对接、交流和监测服务，解决企业与银行之间的信息不对称、信用风险高等问题。鼓励保险公司创新文化创意产业保险产品，提升文化创意产业保障水平。

（四）加大对功能区重点文化创意企业上市发展扶持

建立功能区重点培育的拟上市和挂牌新三板的文化创意企业资源库，确立企业入库标准，对重点企业进行定期跟踪和统计分析。加强与上市和挂牌新三板服务机构的对接合作，加强对适合上市融资的文化创意企业的培育、筛选和储备。加大上市培训、改制辅导、费用补贴、上市奖励等方面的政策支持力度。

第十七章 功能区知识产权保护与运用

知识产权是公民或法人等主体依据相关法律规定，对其从事智力创作或创新活动产生的知识产品所享有的专有权利，又称为无形财产权。文化创意产业发展的核心动力是创新创意，其本质特征体现为对创新创意成果产权的收益，因此，知识产权保护是文化创意产业发展的关键。近年来，随着文化创意产业的快速发展，文化创意相关知识产权诉讼也日益增多。完善功能区知识产权保护制度，创新知识产权运用模式，是提升功能区文化创意产业核心竞争力的必经之路。

一、知识产权保护与运用相关概念

文化创意产业发展孕育的新技术、新设计、新形式或新思想，催生了大量的著作权、商标、专利、商业秘密等知识产权。其中著作权也称为版权，是知识产权的一个类别。在文化创意产业发展中，版权又有着不同于其他知识产品的独有特性，是体现文化创意产业价值的核心资源。加强版权资产管理，大力发展版权经济，是推动文化创意产业繁荣发展的战略重心。

（一）知识产权保护运用与版权相关产业链

知识产权相关法律法规虽然为文化创意产业提供了不同的知识产权保护方式，但每种方式需要支付的保护成本和能得到的保护力度不尽相同。在文化创意产业发展中，各行业涉及的知识产权类型也不尽相同，如软件和出版就有差异。所以，文化创意企业在选择知识产权保护方式时，需要根据自身特点和实际，综合考虑不同保护方式的保护时间、保护范围、申请方式、保护强度、履行手续、管理成本等因素，权衡利弊，采取最适合的单一保护方式或者保护方式组合。表 17－1 是不同知识产权保护方式的比较。

表 17－1　不同知识产权保护方式的比较

因素	专利权	商标权	著作权	商业秘密权
保护时间	发明专利：20 年，实用新型和外观设计：10 年	一次注册保护 10 年，但可续展	最少 50 年	只要能够保守秘密就永久有效
保护范围	产品（包括形状和构造）方法及其改进，产品图案、色彩及其组合	区别商品服务来源的可视性标识	创造性的作品的表现形式，如图片、小说、音乐、表演广告画	不为公众所知悉的技术信息和经营信息
保护强度	强	较强	较强	弱
履行手续	需要申请	需要申请	自动取得	自动取得
管理成本	高	较低	低	较低

版权即著作权，是指自然科学、社会科学以及文学、音乐、戏剧、绘画、雕塑、摄影和电影摄影等作品的作者依法对其作品享有的权利，是知识产权的一种类型。[①] 版权是法律上规定的某一单位或个人对某项著作享有印刷出版和销售的权利，是法人、公民依法享有的一种民事权利，属于无形财产权。版权是一种包含若干特殊的人身权和财产权的混合权利，行使版权的财产权往往也会涉及人身权。作者享有著作权不会影响作品传播，但是任何人要复制、翻译、改编或演出等均需得到版权所有人的许可，否则就是对他人权利的侵犯。

版权保护范围包括文字作品，口述作品，音乐、戏剧、曲艺、舞蹈、杂技等艺术作品，美术、建筑作品，摄影作品，电影作品和以类似摄制电影的方法创作的作品，工程设计图、产品设计图、地图、示意图等图形作品和模型作品，计算机软件以及法律、行政法规规定的其他作品。不受著作权法保护或不适用于著作权法的作品包括：依法禁止出版、传播的作品，法律、法规，国家机关的决议、决定、命令和其他具有立法、行政、

① 卢玲，王智源．版权资产管理模式的分析与思考［J］．编辑之友，2013（10）：102－105.

司法性质的文件及其官方正式译文，时事新闻，历法、通用数表和公式。近年来围绕版权开发的相关产业正蓬勃发展，版权经济增长态势显著。

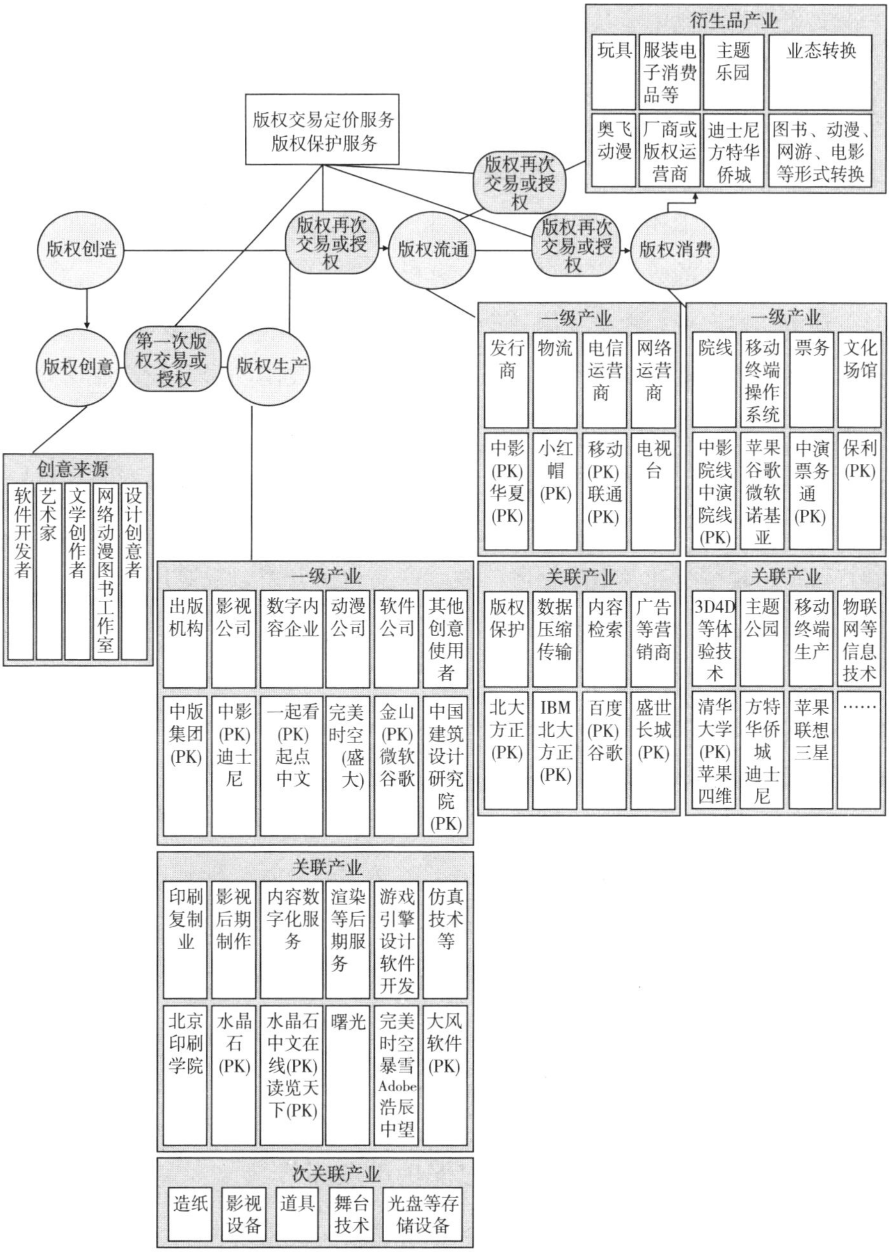

图 17－1　版权相关产业链图

（二）文化创意产业知识产权保护的重点行业

文化创意产业中涉及版权问题的核心产业主要包括以下几类：

出版产业。近年来，我国新闻出版行业由数量扩张型向质量效益型转变，动漫出版、网络游戏、手机出版等新媒体出版发展迅猛，网络出版、数字印刷等势头强劲。出版产业主要涉及著作权和邻接权人的权益保护，其中，邻接权是指相邻、相近或相联系的权利，是指作品传播者对在作品传播过程中产生的成果依法享有的专有权利。

动漫游戏产业。随着我国社会经济的发展，电脑和信息技术的普及，我国动漫游戏产业呈现巨大的市场需求。目前，我国动漫游戏产业正处于由成长期向成熟期过渡的阶段，游戏市场规模稳定增长，产品类型不断丰富，海外出口增速加快，市场竞争较为激烈，动漫游戏的迅速崛起和良好的产业前景也使其成为版权侵权的高发区。我们更需要加强动漫游戏产业版权保护，规范行业及市场秩序，鼓励产品自主开发，提高国产动漫游戏产品的国际竞争力和市场占有率。

影视产业。自 2003 年电影产业化改革启动以来，中国电影市场规模一直保持着年均约 30% 的增长速度。然而，影视行业的盗版问题同样严峻，网络技术的发展使得影视产业的版权保护形势更为严峻，完善版权法律体系迫在眉睫。

软件产业。随着我国计算机应用水平的不断提高，计算机软件的市场需求也越来越大，软件和信息技术服务业已经被确定作为我国优先发展的战略性新兴产业。但软件产品的特点决定了其容易被复制、改编和盗版，软件市场版权保护压力非常大。为促进我国软件市场健康发展，鼓励更多人参与软件开发创造，就必须加强软件版权保护。

（三）文化创意产业知识产权保护重点环节

企业商业信誉、企业商标、专利、著作权等无形资产的运作和管理对于企业生存发展的意义不亚于土地、机器、房产等有形资产。文化创意企业为了实现利润最大化，在当前激烈的市场竞争中占有一席之地，就必须从知识产权保护与运用着手，持续提高企业核心竞争力。

版权的取得与登记。我国《著作权法》和《伯尔尼公约》采取自动保护原则，即作品创作完成后即享有著作权，不需要履行任何登记手续。在著作权法实施过程中，许多作者提出希望将自己的作品在著作权行政管理机关进行登记，对其著作权进行确定，以进一步明确著作权的归属，在发生著作权纠纷时也可作为初步证据使用。因此，国家版权局1994年12月31日颁布了《作品自愿登记试行办法》，对作品著作权实行自愿登记。为了更好地维护企业合法权益，文化创意企业在有条件的情况下，应当尽量将符合法律要求的创意作品予以登记，有利于在今后版权授权、版权交易、质押等活动中明确权属，提高效率，在发生版权纠纷时也能作为一种强有力的证据使用。

版权的使用。文化创意企业对其享有的版权使用大致包括转让、许可使用、质押及交易等方式。（1）版权的转让，即版权人依据合同，将其依法享有的版权之全部或一部分向非版权人转移。从形式上，转让可以分为全部转让和部分转让，但不论哪种情况，都不能将现行版权法规尚未规定的权利进行转让。（2）版权的许可使用。版权的许可使用仅转移使用权，而不转移版权或者其中某些专有权利的所有权。（3）版权的质押，将版权像动产一样作为质押的标的，通常也称为权利质押。根据我国《担保法》第75条，文化创意企业可以依法将商标专用权、专利权和著作权中的财产权利进行质押。（4）版权交易或著作财产权交易，主要包括版权的转让、许可和质押，是版权人对其拥有的版权最为直接的利用，也是实现版权利益最快捷的方式。目前，版权交易已经成为文化创意企业和个人主要的利益源泉。

版权的管理。版权管理是文化创意企业的重点工作，版权在企业内部管理的好坏直接影响到其运作效果，科学的管理能有效预防版权侵权的发生。[①] 首先，文化创意企业应当尽量对企业享有的版权进行登记。经登记

① 向勇，杨玉娟．我国文化企业版权质押融资模式研究［J］．福建论坛（人文社会科学版），2013（2）．

的权利证明文件是作品版权转让、许可使用等活动最为直接和权威的信誉保证。版权登记能降低风险和信息成本，起到推动版权交易、繁荣产业发展的作用。其次，文化创意企业版权的管理包括对创意人员的管理。加强对员工知识产权保护意识的培训，严格强化相关商业秘密管理，能有效预防知识产权纠纷发生。最后，加强版权管理还应加强行业之间的沟通联系。各文化创意企业可以通过版权管理平台促进企业间的经验交流和信息共享，推动企业加强版权保护价值并有效地避免版权侵权的发生。

版权的侵权保护。网络技术的飞速发展和普及在促进作品传播的同时，也给文化创意企业的版权保护制造了障碍。当前音乐和影视作品几乎一经发表就会有无数网站提供免费或低价下载，数字化出版作品随意转载和滥用的现象十分普遍。出版企业的版权保护已经成为数字化出版无法突破的瓶颈。在版权难以得到有效保护的情况下，作者、出版企业、数字开发商等利益相关方的版权也难以明晰，进一步制约了版权的开发运用，造成版权资源的巨大浪费。因此，急需组织文化创意企业利用法律手段加大打击版权侵权行为力度，净化市场环境。

二、知识产权保护与运用现状问题

经过多年快速发展，北京市文化创意产业知识产权保护工作取得了较大进展，知识产权保护运用机制日趋完善。但是，相对于制造业、高新技术产业等其他领域，文化创意产业的知识产权保护和版权经济发展相对滞后。在文化创意企业和功能区层面，知识产权保护与运用工作都有待进一步提升。

（一）文化创意产业知识产权保护现状

北京市历来注重对文化创意产业版权的保护，2007 年 12 月颁布了《北京市文化创意产业知识产权保护和促进办法》（京文创办发〔2008〕1 号），积极完善文化创意产业市场服务体系。北京市在全国率先建成数字作品版权登记平台，实现集数字作品版权登记、合同备案、作品权利信息查询、版权贸易展示、数字水印加密技术应用以及数字作品版权认证、执法取证等综合业务的整合。北京市在全国率先提出建立版权资源信息管理平台系统，填补了我国相关领域空白。

发展版权贸易是北京市文化创意产业发展的主要任务之一，北京地区文化作品版权数量多年来一直保持全国第一。根据对全国 31 个省、自治区、直辖市和中国版权保护中心的作品登记信息统计，2015 年全年，北京市共完成文化作品登记 601014 件，占登记总量的 44.57%；完成计算机软件著作权登记 64532 件，占登记总量的 22.07%，登记作品数量继续高居全国榜首。

（二）存在的主要问题

一是企业自身知识产权保护机制不完善。由于文化创意产品创造成本高、投入大，但复制难度小、成本低，文化创意产业容易受到侵权。功能区内文化创意企业对知识产权保护还缺乏足够重视，众多文化创意企业管理者未能从经济和市场角度真正领会知识产权的深刻内涵和价值。文化创意企业普遍缺乏创意设计、研究开发、生产经营相关知识产权保护措施，知识产权管理无制度、无机构、无经费现象严重。企业研发出创意产品后，往往注重产品化生产，不会及时申请专利，导致创意产品被侵权而无法得到法律保护。同时，企业普遍缺乏知识产权保护专业管理人才，无法及时应对和有效解决知识产权纠纷问题，较难做到高水平的知识产权运用。

二是功能区知识产权专业服务体系不健全。文化创意产业知识产权保护需要专业化的中介服务组织，而且由于知识产权政出多门，涉及专利局、版权局、工商局、商标局等各个部门，在知识产权保护运用过程中难以有效协调，需要功能区提供专业有效的知识产权公共服务。目前，各功能区文化创意产业知识产权中介服务体系仍然比较薄弱，专业法律服务机构仍然较少，文化创意知识产权保护专业人员和专业服务普遍缺乏。功能区对于文化创意企业在知识产权的运用、管理和保护方面的引导和培训力度也相对较弱。

三、知识产权保护与运用实践案例

文化创意产业的发展与版权保护程度息息相关，版权制度的完善与否将直接影响文化创意产业发展的步伐。从国内外文化创意产业发展的知识产权保护实践案例来看，需要构筑政府、企业和社会机构的合力机制，不同主体各自发挥积极作用。

（一）迪士尼利用版权资源带动企业发展

迪士尼是全球的娱乐产业之王，一直以来以对版权资源的高度重视而闻名，而这源于一次深刻的教训。1927 年，迪士尼绘制了一个颇受欢迎的卡通人物即幸运兔奥斯华，但是当迪士尼准备与发行商洽谈奥斯华卡通片下一期的合约，并计划提高卖价时，却发现发行商已经高价买通了所有奥斯华的幕后工作人员，不需要迪士尼的参与就可以独立推奥斯华卡通片。从此，迪士尼开始意识到版权对于公司发展的重要性。随后，米老鼠等经典形象一出，迪士尼就对该形象进行了一系列版权登记注册。在公司刚起步的10 余年，迪士尼总收入的十分之一来自卡通形象许可使用所收取的版税。[①] 1930 年，迪士尼与各类公司签署了委托销售带有米老鼠系列标志产品的协议，协议中规定从每件少于 50 美分的产品中收取 2. 5% 的版权，每件 50 美分以上的产品中收取 5% 的版权，这一举措使得迪士尼平安度过了 20 世纪 30 年代全球经济大萧条中最严酷的时期。此后迪士尼重视保护版权资源的观念一直延续至今。

目前，迪士尼版权收益主要集中在主题公园和消费产品两部分，作为全球从事特许经营和营销的领袖，迪士尼在全球发展了 4000 多个拥有其特许经营权的商家，产品范围涵盖旗下所有卡通形象，并凭借其品牌优势，收取高达 16% 的版税。仅东京迪士尼乐园，迪士尼每年从中能获得 10% 的

---

① 张凤杰．奇迹：从 3200 美元到 436 亿美元版权经营促成的迪斯尼跨越式发展及启示［J］．传媒，2007（9）：63 －65.

许可收益、5%的食品和产品销售收入以及10%的共同赞助者收入。对版权资源的高度重视和严格保护，给迪士尼带来了极其丰厚的利益回报。

（二）杭州通过版权保护助力文化创意产业发展

杭州市作为全国版权保护示范城市，自2007年提出打造全国文化创意中心以来，大力推进文化创意产业发展，高度重视版权工作。主要做法包括：一是努力做好作品登记工作，杭州的作品登记始终处于全省领先水平；二是在部分重点文化创意产业园区设立版权工作站，给予一定的工作经费支持，直接帮助和接受园区内企业版权相关问题的咨询与服务；三是组建文化创意投资公司、构建无形资产担保贷款风险补偿机制，成立文化产权交易所；四是定期组织版权顾问进企业提供版权专业咨询，讲授版权相关知识，与部分企业建立了长效版权服务联络机制；五是开通版权工作咨询服务热线和版权咨询QQ群，在全社会范围接受版权咨询与服务；六是认真做好重大会展期间的版权保护工作，组织知识产权保护工作小组进驻会场，并由政府出资为杭州参展原创作品进行免费版权登记，及时了解掌握展会期间的版权保护工作信息，提供相关工作咨询，对参展单位参展作品进行内容把关、受理投诉和查处盗版等工作；七是积极为版权企业走出去铺路搭桥，由政府出资，先后组织版权产业集中的滨江区、西湖区、拱墅区的文化创意产业园区和版权相关企业参加中国国际版权博览会等展会，为杭州版权原创作品、衍生产品的展示提供平台，有效地促进了版权产品推介、信息交流及版权贸易。①

（三）上海知识产权园专注版权综合服务

上海知识产权园成立于2004年4月，是由上海市知识产权局、市工商局、市版权局、市总工会，会同杨浦区政府发起成立的市级知识产权公共服务平台，是全国第一个知识产权专业园区，旨在集聚和凝聚人才、知

① 杭州：助力文创产业发展［N］. 中国新闻出版报，2012-04-26.

识、资本、企业，整合市、区相关行政及配套服务资源，促进发明创造、创意产业和知识产权服务产业的发展。[①] 园区树立了“一个带动、四大功能”的功能定位：“一个带动”是指带动整个黄浦江北岸创新创意产业基地的发展；“四大功能”，即服务窗口、交易平台、招商服务和信息中心。

上海市持续完善知识产权服务体系，成立了上海专利交易中心、上海版权交易中心、上海商标运作中心、上海专利新产品展销馆、上海知识产权园一门式咨询服务中心、上海知识产权视频服务中心、上海联合产权交易所知识产权交易中心、上海知识产权创业投资联盟等，体现了整合行政资源、为产业服务的功能。

上海知识产权园近几年不断专注版权服务，持续健全版权服务细分领域工作机构，形成了具有一定特色和示范效应的服务工作体系。成立以版权为核心资产的创业创新设计孵化器。成立杨浦区知识产权人民调解委员会，与上海市版权局版权纠纷调解中心共同成立杨浦区知识产权纠纷联合调解工作室。每年发布《上海张江高新技术产业开发区软件著作权分析报告》，对大张江范围内的企业、科研机构软件著作权情况进行统计分析。搭建版权交易电子平台，积聚各类创意人士共享平台资源，促进艺术创意作品在线交易。[②]

四、加强功能区知识产权工作建议

支持功能区围绕文化创意主导产业，建设知识产权经济生态圈，从专项支持政策、公共服务平台、第三方专业服务、知识产权联盟、联络员制度、氛围营造、知识产权预警和战略评估等方面加强功能区知识产权保护与运用。

---

① 钱雅文．上海文化创意产业知识产权策略分析［J］．今传媒，2011（12）：25－26.

② 戴丽昕，张莹．上海知识产权园被认定为版权示范园区（基地）［EB/OL］．多播网．http：//www.duob.cn/cont/848/168664.html，2013－03－08.

（一）研究出台重点行业知识产权保护专项支持政策

针对软件网络及计算机、新闻出版发行、传媒影视等北京市文化创意产业支柱行业，围绕产业链不同环节的知识产权保护需求，研究知识产权保护相关政策体系，出台重点行业知识产权保护专项政策和管理办法。制订激励扶持政策，支持文化创意企业创新，加强知识产权创造，力争创造和运用知识产权的数量在同行业中位居领先地位。大力鼓励原创，制定原创作品知识产权优惠政策，支持文化创意企业生产文化原创作品。

（二）建立功能区知识产权专业化服务平台

联合北京市知识产权局等相关部门，整合资源优势，建立功能区综合知识产权综合服务平台和交易平台。加强功能区文化创意产业的知识产权布局挖掘，构建主要行业的知识产权池。搭建知识产权法律服务平台，完善知识产权纠纷的仲裁、和解、调解和行政手段等诉讼外解决方式，在知识产权公共服务平台建立在线仲裁、在线调解等在线纠纷解决机制，提高纠纷解决的时效性，避免因诉讼承担过高的经济成本，减轻中小型文化创意企业诉讼成本压力。支持组建功能区文化创意企业知识产权保护与经营联盟，建立联盟内部成员知识产权共享机制，推进联盟内部成员技术合作、知识产权交叉许可，提高联盟企业的维权和侵权抗辩能力，保障联盟的共同利益。

（三）引进知识产权专业管理服务企业

通过与知识产权专业运营服务机构合作，建立起多方共同参与、责权利清晰的合作机制和成果转化机制。吸引知识产权服务企业入驻功能区，为功能区相关文化创意企业提供知识产权申请、融资交易、交流合作、咨询培训等服务，推动知识产权评估、集约化运营和资本化运作，实现文化创意企业文化资源资本化和产业化开发。鼓励功能区积极引进无形资产评估公司、文化创意企业知识产权保护第三方评估机构，加强原创知识产权价值实质的第三方认定。积极引进专业化知识产权管理公司在功能区设立分支机构，采取多种知识产权经营模式和服务，提供股权投资、技术孵化等投融资服务，提供知识产权购买、出售、交叉许可及知识产权布局等知识产权管理方案服务，提供评估筛选、市场推广营销、价值评估和商业谈判、知识产权许可监督等全流程的知识产权管理服务，提升文化创意企业原创积极性。

（四）建立功能区知识产权保护专业人才队伍

功能区管委会或主管单位配备负责知识产权工作的专职（兼职）人员，负责功能区企业相关知识产权项目的实施及信息情报的收集、整理、反馈，统一对接知识产权局、文化局、工商局等多个部门，为文化创意企业提供便捷服务。加强功能区知识产权贸易、市场运用和涉外知识产权人才队伍建设，组建知识产权人才库、专家库，打造具备现代知识产权理论的高层次人才队伍。围绕知识产权保护，加强对文化创意企业宣传法律法规和行业管理办法等，提高文化创意产品的注册、申请或者备案率，使文化创意产品保护有据可依。引导功能区文化创意企业建立知识产权经营部门，设立知识产权岗位。外聘知识产权专家团队，为功能区中长期知识产权发展战略提供决策参考、创新经营理念、提升品牌价值。

（五）建立功能区知识产权宣传普及教育常态化机制

邀请知识产权部门定期对企业开展知识产权教育培训，增强企业的知识产权保护意识，指导企业建立知识产权内部管理机制，从作品开发、登记、保护、运用、转让和许可等各方面进行引导，提高企业知识产权保护的整体水平。将知识产权保护纳入功能区各类培训内容中，切实增强功能区行政管理人员、著作权人、企业经营者的知识产权保护意识，提高知识产权相关产业市场主体的知识产权创造、运用、保护和管理能力。

（六）完善功能区知识产权预警机制

建立功能区管理部门、行业和企业共同参与的知识产权预警机制，形成信息畅通、功能齐全、反应灵敏、运转高效的危机应对机制。针对可能发生的涉及面广、影响大的知识产权纠纷、争端和突发事件，制定《北京市文化创意产业重点领域知识产权预警方案》，及时预警并采取应对措施。建立功能区预警和应急专家会商机制，为政府、企业应对知识产权纠纷和诉讼提供决策支撑。设立功能区企业海外知识产权预警和应急救助专项资金，加强应对重大涉外专利纠纷的能力，引导扶持文化创意企业公平参与国际竞争。

第十八章 功能区专业化服务平台建设

专业化服务平台是指根据不同功能区建设发展需求，以开放共享为目标，通过整合、集成、优化专业服务资源，完善相关基础条件，提升专业服务能力，为文化创意企业提供信息共享、技术示范、展示交易等一系列专业服务的公共平台。加快构建不同行业、不同类型的专业化服务平台，是破解园区产业链发展关键环节共性难题和共性需求的重要组织方式，是完善产业园区公共服务的重要载体和实现途径，是促进功能区产业发展的关键手段。

一、专业化服务平台建设发展现状

在文化创意产业市场需求拉动下，近年来各部门、各区和部分功能区、重点企业已经积极探索建设了一批专业化服务平台，为文化创意产业发展提供了有力支撑。但总体来看，功能区专业化服务平台的建设还处在起步阶段，平台建设的覆盖范围、承载功能等均需要继续完善，平台尚未形成成熟、可持续的运营模式。

（一）专业化服务平台的主要类别

在文化创意产业发展进入深水区的背景下，文化创意产业发展不仅仅需要共享会议室、物业服务、行政审批等基本公共服务，更需要着眼于技术、资源等可以解决企业发展关键需求的专业化公共服务平台。因此，园区的专业化服务水平已经成为推动文化创意产业链上下游聚集的核心引力，成为文化创意企业集群化、生态化发展的重要纽带，成为引导文化创意产业差异化、特色化发展的重要助推器。功能区现有专业化服务平台主要有孵化培育、资源共享、文化投融资、知识产权保护运用、公共技术服务、交易贸易等六类。

表 18－1　功能区专业化服务平台的主要类别

平台类别	主要特点	代表性平台
孵化器类平台	提供新兴业态培育、产业链构建的载体	启迪之星 2014 创业营、启迪孵化器、人大文化科技园、厚德创新谷、北京孚萌科技孵化器、大稿艺术区产业服务平台
资源共享平台	满足技术、内容、资源、渠道等共性需求	DRC 设计资源服务平台、中华老唱片库、出版专业化服务、动漫游戏公共服务平台、新媒体演播室、音乐演播空间平台、影视产业科技创新服务平台
文化融资服务平台	类似文化创意产业引导基金等	北京文化金融中介服务平台、石景文创银行
知识产权保护与运用平台	以知识产权保护与运用为导向	在线反盗版联盟、东城新型数字版权流通服务平台
公共技术服务平台	重在满足文化科技需求	数字内容公共技术服务平台、动漫游戏产业公共技术平台、网络游戏公共服务平台、传媒大视频产业公共技术服务平台
文化产品服务交易和贸易平台	旨在推动文化产品和服务走出去	设计交易公共服务平台、完美世界 PWIE 海外交易平台、雅昌艺术网

（二）专业化服务平台建设运营方式

从专业化服务平台建设和运营方式来看，可以划分为五种类型。

一是政府投资型。对于公益性强、服务范围广、企业投资意愿小的公共技术服务平台，重点采取产学研合作的方式，由政府财政进行投资建设或者政府贷款贴息、项目补贴等，以龙头企业为主体，鼓励多家企业共同投资，减少风险。该类平台一般成立事业单位、联盟理事会、联席会或者委托专业机构，对平台进行日常运营管理。

二是社会投资型。对于竞争性、营利性的专业化服务平台，如投融资服务平台、孵化器等，重点依托功能区、大型企业或者引进中介服务机构进行投资建设，政府通过相关政策给予适度扶持和奖励。该类平台一般采取公司制、会员制等市场化经营模式，提供公益性的基本服务和市场化的增值服务项目。

三是龙头主导型。该类平台一般以大型企业为龙头，充分利用其技术装备水平高、市场影响力大、资源整合能力强、品牌效应明显的特点，建设综合性专业服务平台，促进各类产业要素在平台上进一步汇聚，提高平台技术装备水平、服务水平和社会影响力。进一步吸引中小企业在大企业周边集聚，促进大企业与中小企业之间的优势互补和资源共享，提高大型设备设施等资源的利用效率。①

四是多方参与型。对于同时具备营利性和公益性特征的混合型平台，通过政府资金引导和国有资本投入，吸引大专院校、科研院所、企业以及其他社会资本参与建设。该类平台一般采取公益服务与市场化运作相结合的方式，实行公司化运作，为文化创意企业提供全方位、多层次、低成本的专业化服务。

五是国际合作型。鼓励国内创意企业与海外企业合作或合资，引进专业资源建设专业化服务平台和中介服务机构。该类平台一般吸引海外文化创意产业服务机构登陆北京，在功能区内设立办事机构。

（三）专业化服务平台建设存在问题

功能区专业化服务平台是一个新生事物，在政策引导、市场运作等方面还没有形成有效工具，诸多问题随着功能区建设的加快推进，逐步暴露了出来。主要包括如下几个方面。

一是服务功能有待充实。大部分功能区均将建设孵化器作为开展老旧厂房改造、吸引文化创意产业新兴业态集聚的重要载体。但是，从全市范围看，充分满足文化创意产业发展特点、服务需求的专业孵化器仍然较

① 赵继新，楚江江．北京文化创意产业公共服务平台构建研究［J］．北方工业大学学报，2011，23（2）：1－7.

少，部分仍处于简单的出租、物业管理阶段，缺乏对文化创意产业发展的专业支撑，孵化器内各企业业态间的发展黏性不足。

二是运行水平相对较低。由于文化创意产业多行业、多领域以及与科技、金融及其他产业融合发展的特点突出，部分已建成的跨部门、跨领域文化创意产业专业化服务平台存在多头管理、投资分散、重复投入、同质同构、共享不足和使用效率不高等问题。

三是专业化服务内容仍有缺位。从提升功能区产业集聚效应和满足产业发展需求的角度来看，现有专业化服务平台覆盖范围仍然较小、服务环节仍然较窄，部分关键环节服务平台仍然缺乏，急需的专业化服务内容比较欠缺。因此有必要结合各功能区主导产业类型，扩大平台覆盖范围、补充缺失环节，整合现有、扩建或新建平台资源，提高功能区的聚合效力。

四是建设运营模式尚需探索。当前专业服务平台的建设过于依赖政府支持，盈利模式尚在探索当中，缺乏建设动力，社会化力量投入不足，没有形成与文化创意产业特色化发展相适应的运营模式，平台可持续发展能力有待提升。考虑到文化创意产业专业化服务平台的社会公益性和建设初期投入大、周期长、见效慢和收益低的特点，有待在政府引导、市场运作的总原则下，加大建设运营模式的探索，进行不同程度的试点示范。

二、专业化服务平台建设发展需求

专业化服务平台发展的根本是做实做强服务功能，按照“服务需求、适度超前、适时调整”的原则，把握文化创意产业不同行业门类的特点，通过引进外部资源、整合闲置资源和推动新建资源等方式，充分调动政产学研等各方力量，加快完善九类服务功能是专业化服务平台发展的重要使命。

（一）种子孵化培育服务

围绕功能区内创意设计、文化艺术、新闻出版、影视、软件信息、动漫游戏等行业的发展需求，利用老旧厂房改造、闲置商务楼宇、闲置文化

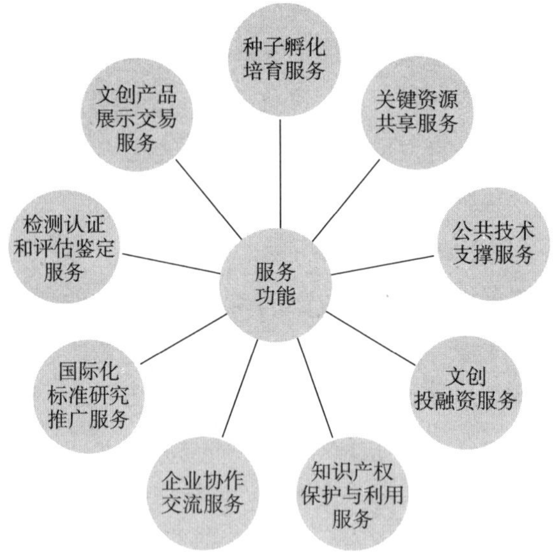

图18－1　专业化服务平台的九类服务功能

空间等，引进文化创意企业和种子项目，争取每个功能区或片区均形成孵化器与龙头企业、平台企业互补互促发展的局面，将孵化器作为培育文化创意种子企业、打造文化创意产业生态系统的重要载体。创新建设多类主体投资、专业机构运营的孵化器，形成以孵化器和加速器为载体，投资单位、中介机构、非营利组织、文化创意企业等多类资源捆绑式发展格局。借鉴成熟的文化创意产业孵化器运作模式，优化创业创新孵化环节的办公出租、物业管理、设施共享等基本服务，探索创新资源集聚、创业项目推广等专业化服务，增强企业间的发展黏性，强化孵化器的针对性、专业性和增值性。

（二）关键资源共享服务

以文化创意产业发展过程中的关键资源共享和最大开发利用为宗旨，通过建立文化创意资源池，搭建有利于增强产业链上下游企业协同合作黏性的资源共享平台。针对文化创意产业内容为王的特性，以强化文学、动漫、影视、设计等内容的全媒体和全方位共享开发为宗旨，通过汇集多方资源、创新开发合作模式，建设一批专业化的数字内容资源共享平台。针对信息网络及计算机、动漫游戏行业、文化艺术对信息化资源、文化创意形象等创作素材资源的共享需求，通过整合龙头企业、专业创作机构等资源，建设一批专业化的信息资源和创意要素资源共享平台。针对新闻、出版、广播、影视、音乐、体育等行业对传播渠道资源的需求，支持龙头企业进一步拓展海外传播渠道，进一步打通和共享现有龙头企业传播渠道资源，建立一批有影响力的文化创意产品服务传播渠道和资源共享平台。

（三）公共技术支撑服务

围绕创意设计、文化软件、动漫游戏、新媒体、文化信息服务、数字出版、影视演艺、文化旅游、非物质文化遗产开发、高端印刷和高端工艺美术等文化创意产业重点领域，结合虚拟体验、体感互动、4D 技术、全息影像、数字特效等新技术的快速发展，通过对接产业链各个发展环节的共性和关键技术需求，建立一批以共性技术研发、中试测试、设备共享、技术支撑等为核心的公共技术服务平台。创新平台的公共技术共享、仪器设备共用等商业模式，在满足本功能区专业化服务需求的同时，进一步辐射全市文化创意企业。

（四）文化创意企业投融资服务

结合各功能区内主导产业在不同产业链环节的针对性融资需求，通过汇聚创业投资、天使投资、担保公司等相关资源，在功能区内建立一批以影视、动漫、演艺等为特色的专业化文化创意投融资服务平台，积极探索采用知识产权质押试点等新方式，形成由专业机构推荐优秀作品、由担保公司等开展价值评估或信用评级、由金融和社会资本支持的一体化融资新模式。引导有条件的功能区建立文化创意产业引导基金，通过股权投资等方式，吸引文化创意产业重大项目和产业链补链项目入驻发展，推动文化创意企业关键节点改造。

（五）知识产权保护与利用服务

结合创意设计、出版、影视、音乐、艺术品等内容产业对知识产权的保护和交易需求，鼓励各功能区引进知识产权登记、认定、评估、维权等系列中介服务机构，建立能够体现功能区特色的知识产权保护和维权专业化平台。建立知识产权保护登记备案平台，强化创意作品先期保护和证据保存，为入区企业提供各类知识产权申报、认定和评估服务。引进法律、金融、交易及中介等多类机构，研究可操作的文化领域无形资产评估办法，探索文化创意和设计服务保护利用机制。建立知识产权快速维权平台，提供法律咨询服务和法律维权支持，优化知识产权的法治环境。

（六）企业协作交流服务

引导功能区内部和跨功能区之间的文化创意企事业单位及个人，按照自愿平等的原则组建文化创意产业协会，组织产业融合峰会、企业管理人员交流会、创意沙龙等活动，打通企业间沟通渠道。建立文化创意企业业务协作推广平台，加强企业之间的信息交流共享，创新企业联合发展模式，整合产业链上下游企业的文化创意产品和服务，促进跨界合作和产业要素流动，建立链式服务和产业生态，共同对外推广文化创意项目和抵御市场风险。

（七）国际化标准研究推广服务

标准化是提升文化创意产业整体竞争力的助推器。针对文化创意产业发展的高科技特性，结合创意设计、制造技术、显示、音频视频、高端印刷、数字出版、数字放映、文化电子商务等关键技术对统一化、高端化标准的需求，以开放性、通用性、共享性、国际化为导向，建立一批专业化的文化创意产品标准研究推广平台，积极引进国外、国内文化创意产业领域的先进标准研发机构，采取“参与标准制订、标准统筹引领”同步推进策略，加快抢占国际文化标准话语权。

（八）检测认证和评估鉴定服务

围绕工艺美术、文化艺术品等文化创意产品的检测认证需求，进一步整合国家及北京市现有相关资源，在功能区内进一步完善珠宝玉石、钻石、工艺品等鉴定检测平台。结合音乐、影视等对音视频的检测需求，在功能区内建立完善音乐识别检测平台。

（九）文化创意产品展示交易服务

结合功能区主导产业发展需求，通过承接世界级、国家级的文化创意专业性和综合性节日庆祝会、博览会、设计展、创意大奖、大师展、拍卖会等活动，建立一批具有世界影响力的展览展示和交易专业平台，强化市场对接。

三、专业化服务平台建设方向思路

专业化服务平台的建设直接服务于功能区内文化创意主导产业的规模化、集聚化、差异化和协同化发展需求，具有明显的行业归属特征，牵涉政府、企业、科研院所、高校等各类参与主体。下一步，完善功能区专业化服务平台，必须围绕功能区主导产业的聚合发展要求，体现行业特点，进行专业化、生态化集聚和链式布局。

（一）突出专业化和行业特点是关键

一方面，文化创意产业是一个创意为王、内容为王的行业，是以知识产权为核心资产的新兴产业。对文化创意产品的知识性、原创性即知识产权保护的承认与保护，是文化创意产业发展的基础。文化创意产业门类众多，行业差异显著，每个行业都需要有与之相应的专业化服务做支撑。

另一方面，文化创意产品的产业化离不开创意策划、内容制作、技术支持、渠道传播、营销展示、交易体验等多个产业链环节的相互合作，具有非常强的链条性，尽管产业链环节相近，但是由于产品和服务迥异，每个行业都有其独特的产业链条，必须区别对待。

因此，重创新、重协作、轻资产的文化创意企业，尤其是中小型文化创意企业，其发展非常依赖共性需求和关键难题的专业化服务，如创意设计合作开发、核心技术研发应用、标准协同制定、知识产权保护、产品检测评估认证、产品展示交易等。建立健全专业化服务平台，不仅是行业发展的内在需求，更是衡量产业发展环境核心竞争力的重要指标之一。

（二）提升生态化集聚水平是核心

文化创意产业发展不仅仅需要共享会议室、物业服务、行政审批等基本的公共服务，更需要着眼于技术、资源、协作等可以推动企业快速发展的专业化服务平台。因此，围绕产业发展，提升专业化服务平台的生态化集聚水平十分必要。

功能区的专业化服务水平可以成为文化创意产业围绕产业链上下游集聚要素的核心引力，成为文化创意企业集群化、生态化发展的重要纽带，成为引导文化创意产业差异化、特色化发展的重要助推器。通过引导功能区强化专业化服务平台建设，向文化创意企业和个人提供开放共享、自身实现难度较大的增值服务，包括产品研发服务、市场拓展服务、投融资服务、技术服务、人才服务等，促进功能区内各类产业要素集聚和产业链分工协作，促进大企业与中小企业间的优势互补和资源共享，有助于减少企业经营成本和创新创业风险，加快推动功能区文化创意产业规模化、链条化、创新化发展，全面提升功能区文化创意产业发展的综合竞争力和影响力。

以动漫游戏产业专业化服务平台为例，由于动漫游戏产业盈利模式的特殊性，特别重视通过对动漫形象和产品品牌价值的原创创作和全过程深入挖掘，实现其市场价值的边际效益递增，因而围绕产业关键领域进行生态化集聚显得尤为重要。例如，搭建以知识产权保护为前提的孵化类专业化服务平台，形成漫画、动画和网游等原创形象、原创作品、原创软件、创意人才的汇聚地；构建动漫游戏产品版权保护和维权平台，联合法律、司法等部门，强化对动漫网游全产业链环节版权问题的登记、保护和维权等，探索实践动漫网游产业的知识产权保护新模式；搭建开放共享的动漫网游产业发展公共资源共享平台，汇集龙头企业的开源游戏引擎资源、创意内容资源、素材库资源等，降低中小型企业准入门槛；建立动漫游戏产品海外推广交易专业化服务平台，汇集北京市各类优秀的动漫游戏资源，以及出口龙头企业的海外交易渠道等各类相关资源，建立统一的动漫产品海外推广资源库，开展统一宣传推介活动，进行立体多层次的展示交易，拓展海外市场。

（三）强化链式布局是突破口

尽管新闻出版、软件网络及计算机服务、创意设计服务、广播影视、动漫游戏、文化艺术、广告会展、艺术品交易、休闲旅游等功能区的主导行业差异较大，但是总体来看都包括围绕文化创意产业的内容创意、生产制造、营销推广、分销渠道和消费体验等五个产业链环节。瞄准文化创意产业的五个主要产业环节，对专业化服务平台的服务内容进行链式布局，是有效提升平台效能的必经之路。

以影视产业功能区专业化服务平台为例，需要系统整合基于产业链的专业化服务，围绕内容创作、资源共享、技术支撑、展示交易等四个环节进行功能布局。在内容创作环节，完善内容资源共享及协同创新创作服务，为影视创作者提供完整、便捷、实时的内容资源交流手段和获取渠道；开展内容资源大数据研究服务，提供一站式影视大数据服务。在资源共享环节，重点提供项目和剧本创新资源收集共享服务，提供影视专业设备器材租赁服务、影视动漫云服务和影视开放式外景拍摄服务。在专业技术支撑环节，开展网络视频云计算技术应用服务、新媒体视频处理及传播服务、影视后期制作服务。在展示交易环节，重点完善影视版权交易登记、维权等咨询服务，提供文化影视产品国际贸易服务。

四、完善专业化服务平台对策建议

专业化服务平台是现阶段功能区提升公共服务水平的重要载体，也是衡量功能区产业服务能力的重要指标。加强专业化服务平台的顶层设计，对平台的建设目标、建设内容以及建设时序进行统一规划和统筹安排，开展专业化服务平台的认定管理和政策支持，推动平台创新市场化运营机制，营造平台发展的良好环境。

（一）加强统筹规划

加快专业化服务平台的规划建设，进行全市统筹布局，实现各领域全覆盖。进一步明确专业化服务平台建设方案，对平台建设目标、建设内容以及近远期重点支持项目做出明确安排。明确市区各相关部门、各功能区、行业组织、研究机构等在平台投资建设、运营管理中的职责分工，稳步有序推进专业化平台建设和区域协同工作。建立专业化服务平台服务内容的动态供给机制，通过对文化创意产业发展阶段和进程的动态监测和识别，结合相应阶段的产业发展需求，提供适时的专业化服务供给。

（二）开展认定工作

研究出台功能区专业化服务平台认定标准，通过开展认定工作，建立全市专业化服务平台库，形成专业化服务平台大协作的运行模式。以扩大平台服务的覆盖面为宗旨，以满足功能区主导产业发展服务需求为原则，对具有独立法人资格、运行状况良好、技术设备先进、品牌能力强的既有公共服务平台，通过征集筛选，按照认定标准分批、分类、择优进行认定管理，统一纳入功能区专业化服务平台库。鼓励各类专业化服务机构结合文化创意产业链发展的关键需求和共性问题，积极申报专业化服务平台。对于认定的专业化服务平台，给予政策倾斜。

（三）实施规范管理

在实施专业化服务平台认定工作的基础上，强化针对已认定平台的管理，通过树立标杆的方式，带动全市专业化服务平台的规范管理。在规范管理的过程中，尤其要针对专业化服务平台运营过程中的利益主体复杂、激励约束欠缺、管理薄弱、资源利用率不高等问题，制定全市文化创意产业专业化服务平台的统一管理要求，规范专业化服务平台的投入、管理、调整和使用等相关行为。加强对平台运行情况的监督考核和动态管理，出台专业化服务平台建立、运行和评估等相关规定，保证专业化服务平台日常工作和服务的公开、公平、公正。引导平台建立公平有效的资源共享、互补合作等激励约束机制，实现平台的长效持续运行。

（四）创新支持政策

创新支持专业化服务平台发展的政策工具，综合运用资金扶持、政府购买服务等多种方式加强对于专业化服务平台的支持力度。原则上专业化服务平台的建设采取企业、机构自筹，市区两级财政适度支持的方式，财政资金重点支持公益性较强的专业化服务平台。对现有平台，鼓励采用政府购买服务的方式，根据平台提供的专业化服务数量和质量进行评估，择优给予倾斜支持。对专业化服务平台向文化创意企业提供学习、培训、交流等服务，给予相应奖励或补贴支持。对新建、扩建平台，以后补贴方式对文化创意产业相关的设备、软件购置、服务场地等给予支持。

（五）强化宣传推广

及时研究、总结专业化服务平台建设和运营的成功经验做法，加大宣传推广力度，提升典型平台的品牌化效应。在市文资办、区文化创意主管部门以及功能区的官方网站开辟专栏，定时发布已运行、正在建设和计划建设的专业化服务平台进展情况，吸引社会各界广泛关注专业化平台的建设和发展。面向文化创意企业尤其是中小型企业，加强对专业化服务平台服务内容、服务能力等的宣传，引导文化创意企业利用平台开展广泛协作。

第十九章 功能区产城融合发展

产业是城市发展的基础，城市是产业发展的载体，城市与产业存在着互促发展的内在紧密联系。产城融合正是为解决“城市产业空心化”和“产业园区孤岛化”问题而提出的一种新发展思路，是产业与城市功能融合、空间整合和价值融合的综合体现。功能区作为一种新的产业空间组织形式，是引导资源优化配置，推动区域错位发展，提升城市综合竞争力的重要方式。功能区要实现升级发展，就必须既要以产业发展为城市功能优化和形象提升提供经济支撑，又要以城市功能优化为产业发展创造优越的要素和市场环境，依靠产业与城市功能的相互融合来实现大发展。

一、功能区与产城融合发展的关系

产城融合是区域发展的核心目标，越来越多的园区（功能区）正由单一产业园区向宜居宜业新城华丽转变，产城融合不仅有利于集约利用城市土地、扩大产业空间、加速产业集聚，构建产业生态体系，更有利于优化生态环境，促进城镇化，提高居民的幸福感，对于推进功能区产业转型、城市转型和社会转型具有重要意义。

（一）推动产城融合是功能区加快产业升级、优化资源配置的有效手段

在功能区规划建设中，虽然各功能区都有明确的发展定位和主导产业，但区域内仍存在着低端产业急需退出、升级，传统文化创意产业急需向新业态转型的核心问题，人才、技术、研发等具有明显城市属性的高端

经济要素集聚成为功能区转型升级的关键。在新的发展阶段，功能区只能加快城市化步伐，走产城融合发展道路。一是产城融合能为文化创意产业发展提供办公活动空间载体，提供黏合与承接研发、设计、检验、人才等创业创新要素的功能性平台，加大高端资源要素的集聚和配置力度，夯实产业转型升级的资源要素基础；二是新城建设、老城改造也将为文化创意产业创制产品内容、服务等提供素材和巨大的社会需求，能内在拉动文化创意产业的转型升级。

（二）推动产城融合是功能区服务城市定位、改善区域生态的必经之路

目前，大多数产业园区（或功能区）在探索产城融合发展，产业与城市的距离正在逐渐缩短，取得了一定成效。但也存在规划不科学、城市品质不优、改造提升难度大等问题。在总结过去产业园区（或功能区）产业和城市相互脱节、严重制约经济发展的教训基础上，功能区的发展必须全力实施产城融合，高标准规划，一手抓产业经济，一手抓城市经济，在推进城市化进程中加快提升产业竞争力。功能区大力发展高精尖产业，可通过产业发展带动金融、贸易、信息、物流等生产性服务业、生活性服务业等城市功能提升，不断完善城市设施，提升城市品位，全力打造城市崭新形象。同时，文化创意产业的导入，有利于减少资源消耗和污染排放，促进生态建设、环境整治及基础设施升级，营造富有特色的生态景观和人文景观，实现人口资源环境的均衡，提升地区的生态环境水平，真正将功能区打造成为生产生活生态融合、宜居宜商宜业的现代化新城区。

（三）推动产城融合是功能区服务社会建设、促进稳定和谐的重要保障

人的居住、就业和生活功能空间过于分散将激化产城矛盾。功能区的产城融合要以人为本，不仅要处理好区域内商业、交通、文化、教育、医疗服务等配套服务，还需要处理好与周边街镇的产业联动和居住平衡等问

题。推进功能区产城融合发展，根本上是要把产业和人口合理地融合在一起，使城市在产业功能外，还具备文化、医疗、教育等社会公共服务功能，显著提升居民生活质量。同时，通过功能区产业及配套服务的发展，为居民提供充足的就近就业岗位和良好的就业环境，解决城市化过程中农转非居民就业问题，确保地区社会发展的稳定。

二、功能区产城融合发展存在问题

在京津冀协同发展的大背景下，功能区产城融合发展面临着机遇与挑战。一方面，现有功能区在升级发展过程中，产城融合需求非常旺盛，如大栅栏—琉璃厂文化艺术品交易区在疏解腾退过程中，大量的文物、大杂院、非物质文化遗产、老字号文化、商业资源等独特资源的产业化开发利用是产城融合的重点。另一方面，功能区内汇聚的高端产业、高端人才、高端技术和高端资源，将为产城融合发展奠定良好的基础。但从实践角度看，仍然存在几个关键问题。

（一）功能区产业发展与城镇建设亟须统筹

统筹产业与城镇建设，预防和治理“城市病”、“郊区病”、“山区病”，加快建设与和谐宜居之都相适应的功能区是产城融合的发展要求。目前，全市正处于产业结构加速调整和新型城镇化加速推进的新时期，功能区在推进产业发展时，缺乏与城市的融合。因此，应该统筹规划功能区产业发展和城镇建设，以产城融合发展需求为依据，在承担非首都功能疏解的同时，有效整合各类优质资源，推动产业与城市协同发展。

（二）功能区产业形态迫切需要向高端化迈进

产业集聚化、高端化、规模化的发展是助力产城融合的必然选择。但就目前功能区建设来说，部分功能区仍然缺乏系统性、专业化的定位，产业优势、形态、结构以及发展方向并不明确，产业发展动力不足，未能有效推动产城融合发展。因此，各功能区产业集聚需要进一步加快高端化发展，加快引进和培育高精尖产业，通过明确自身产业优势和重点发展领域实现突破性成长，形成产业链联动效应，促进产业转型，构建具有竞争力的产业集群，从而加快产城融合发展进程，实现以产兴城。

（三）功能区城市基础设施仍需不断丰富和完善

完善的城市基础设施是产城融合发展的关键要素，现有部分功能区的城市基础设施建设仍然薄弱，尤其是布局在郊区的功能区，在教育、医疗、文化等方面差距较大。城市基础设施不完善制约了产业发展，成为功能区吸引高端要素、推进产业高端化发展的重要障碍。在京津冀协同发展的背景下，布局在远郊的功能区作为疏解首都优质资源的重要区域，在产城融合过程中完善自身城市基础设施建设，丰富城市功能，加快产城融合进程，形成良好的持续发展环境。

（四）功能区民生保障等公共服务能力尚需提升

提升城镇化水平、强化民生保障等公共服务能力是推动产城融合发展的又一关键要素。随着功能区建设不断完善，经济水平不断提升，已经吸引了大量高端人群在本地就业，初步形成职住平衡发展态势。但同时，仍有一些功能区面临着高端人才缺乏、职住分离严重等问题，不仅造成了交通压力，也阻碍了产业发展。此外，部分功能区周边城镇化水平低，城乡接合部和农村村庄等形态仍然存在，严重制约了功能区的发展。因此，提升功能区城镇化水平，吸引更多高端人才就业，服务功能区产业发展，亟须完善功能区民生保障等公共服务能力，加快功能区及周边区域的城镇化建设，为产城融合创造更好的条件。

（五）功能区产城融合发展路径有待进一步清晰

目前，一部分功能区处于规划建设、初级成长或者转型再造阶段，产城融合理念将成为推进功能区建设发展的重要战略，规划设计清晰的融合发展路径将有利于推动产城融合加速发展。但目前功能区一区多点，地理位置上过于分散，产业园区与城镇形态的相互关系比较复杂，因此难以通过一种融合模式和路径解决所有的产城融合问题。在这种情况下，探索实施多样化的产城融合发展模式和路径，形成典型的融合发展样板成为推动产城融合发展的必由之路。

三、功能区产城融合发展模式借鉴

文化创意产业与城市化的协同发展，推动了功能区实现从产业孤岛向创意新城的嬗变，也推动了城市从传统服务功能向现代服务功能、从传统产业驱动向创新产业驱动的转变。根据国内外文化创意产业与城市融合发展的实践，功能区的产城融合发展可以借鉴以下五种模式。

（一）旧区改造，城市更新

文化创意产业与城市旧区改造的有机结合，不仅能够保留具有历史文化价值的建筑，而且通过历史与未来、传统与现代、经典与流行的交汇融合，为城市增添历史与现代交融的文化景观，可以对城市经济的发展和城市魅力的提升产生巨大的推动作用[①]。例如英国泰晤士河南岸、德国鲁尔区、纽约苏荷、日本北海道小樽运河等创意企业密集的区域，都是由19世纪制造业大发展时建造的厂房、仓库改造而成，这些旧式的建筑保留了城市的人文遗产，较好结合了文化的传承与文化的创新，既保护了历史，同时又成为可持续发展的动力。这种模式适用于具有老旧厂房、街区、村落等空间资源的功能区。

（二）资源开发，文化演绎

在知识经济时代，经济发展过程中主导性资源出现了划时代的变化，人力资源和知识成为主导资源和驱动力。人的创造力成为主体资源，资源的内涵和外延得到了更深刻和更广泛的拓展，一些具有历史积淀的物质载

① 厉无畏．文化创意产业发展的三条可行路径［J］．前线，2013（3）：27－28.

体（如哥德堡号沉船）、民间传说（如南海观音、牛郎织女等）、民俗风尚（如节庆祭祀、对歌等）、小说故事（如三国西游、聊斋志异等）均可纳入资源的范畴，加以演绎，成为促进城市经济增长的特色资源。近年来，“秀”已成为旅游产品和服务的一种重要表现形式，通过高科技和多媒体等新手段将传统文化中的精髓部分较完好地延续下来，并有所创新和发展，如桂林市阳朔县的“印象·刘三姐”、嵩山少林寺的“禅宗少林·音乐大典”、开封清明上河园的“大宋东京梦华”等全球首创的山水实景演出，正是在充分挖掘当地历史文化遗产、传承历史文化的基础上实现了创新，成为推动当地经济发展的重要增长点。如果缺乏本地特色文化资源，则通常采用主题公园的方式，独树一帜发展新型的文化创意产业，并准确把握住盈利模式，如深圳华侨城、常州恐龙园等。这种模式适用于具有独特自然资源、历史资源和文化资源的功能区。

（三）旗舰项目，综合运作

加大开发如歌剧院、美术馆、展演设施、会议设施、体育设施等地标性文化体育旗舰项目，也是带动地方经济再生的一种新模式。西方国家在20世纪末期在市中心建设的文化旗舰开发、文化及娱乐地区、剧院特区、文化广场、美术馆、会议中心等，聚合了博物馆、美术馆、购物中心、零售店、旅馆、餐厅设施等的混合使用开发，体现出复合性的设施内涵。旗舰项目的功能是将文化活动和不动产计划、商业功能整合在一起，促进市场的交互作用，建立起成功的市场效益，带动地方商业团体进入以艺术为主导的资源开发过程，促进都市更新，吸引各类高端人群回流，促进其他消费产业效益，强化城市特色品牌。① 这种模式适用于正在规划建设中，具有大量可供开发土地资源的功能区。

① 厉无畏. 文化创意产业推进城市实现创新驱动和转型发展［J］. 福建论坛（人文社会科学版），2013（2）：11－16.

（四）园区改造，功能升级

功能区的产城融合重点是按照生活和工作相融合促进的理念，着眼于一个城市的整体功能和运行的需要，在优化产业布局的过程当中，同步完善城市功能，布局完善第三产业配套，实现城市与产业共同升级发展，推动区域由产业集聚区向宜居宜业的城市功能区发展。主要有以下几个路径：一是提升满足舒适的生活居住功能。如台湾新竹工业园以敦亲睦邻的精神改善园区的周边公共设施，以齐全完善的公共配套设施、多层次的住宅地产、便捷的民众生活设施，来满足人们的生活需求，为居民提供良好的生活环境。二是提供便捷的沟通交流空间。如苏州工业园区提出了邻里中心的模式，从交通设施、商业设施的改变上提供更为丰富的交流中心，方便了社区生活，改善人居环境和城市面貌，进而推动了园区不断发展。三是营造和谐的人文和生态环境。充分考虑到人的高层次需求，使人文景观和自然景观相互交融，全面提升区域生态环境，为人打造宜居、乐居、宜业、乐业的美好家园。这种模式适用于发展较为成熟、需要对部分城市功能进行升级的功能区。

（五）产城互动，社区营造

经济发展到一定程度后，精神生活越高的群体，对生活方式的要求也越高。同理，功能区或城市发展到一定阶段后，如果不能创造一个良好的生活环境，就容易衰落。因此，功能区的产业新城改造不仅仅是简单完善城市服务功能，更重要的是打造一个良好的产业环境和生活环境的协同体。经济新常态下的产城融合型功能区建设，除了建设城市产业综合体外，还包括建设产业社区、众创空间、创意街区等中小型产城互动空间。例如，上海文化创意产业园区的发展已经完成了从1.0时代到2.0时代乃至3.0时代的转变，园区发展特征从最初的以文化创意产业要素集聚，演变为以文化创意产业要素融合渗透，再上升到如今以文化创意产业要素辐射联动，逐渐打破园区固有的闭环式发展模式，形成创意社区、创意生活和创意消费三位一体的新模式。这种模式适用于处于中心城区、人口密集、生活和商业配套齐全的功能区。

四、推进功能区产城融合发展建议

在新常态下，产城融合是功能区转型升级的基本方向和必经过程，加快功能区产城融合步伐，必须优化空间组织结构、促进产业转型升级、提升城市综合功能、改进社会治理方式，通过典型示范，摸索出一套创新驱动、内生增长、绿色发展的成功模式，加大应用推广，提升功能区的经济社会发展质量。

（一）科学规划空间布局，创新土地管理机制

产城融合发展交叉领域多、体系性强，必须在调查研究基础上深入论证，加强顶层设计，科学规划空间开发格局和开发秩序。引导功能区率先开展多规合一，做好文化创意产业规划与城市功能定位、土地规划、交通规划、文化休闲设施规划等多种规划的衔接，确保功能区的文化创意产业功能、文化设施服务功能与城市功能融合发展。按照适度超前、聚集发展、绿色生态、集约高效的理念，制定功能区总体规划。结合规划，探索差别化的土地管理机制。对符合产城融合发展要求的功能区年度新增建设用地指标给予倾斜，保障功能区产城融合发展项目用地需求。在功能区建设用地指标内适当调整建设用地布局，对未列入规划的产城融合建设项目用地，适时修改规划并及时审批。实行功能区土地利用规划两年评估调整、五年滚动修编的动态管理机制。

（二）因地制宜谋求发展，推动产业转型升级

突出功能区内产业对产城融合发展的牵引作用，驱动城市更新和完善服务配套。结合北京特点，促进文化艺术、广播影视、新闻出版三大传统行业优化升级，壮大广告会展、艺术品交易、设计服务等高端优势行业规模，围绕产业链、供应链、价值链发展配套产业，推动文化与科技、文化

与金融、文化与其他产业多元融合发展，打造完善的文化创意产业生态体系。立足各功能区现有资源优势、区位条件和发展基础，聚焦北京重点文化创意产业细分领域，推动产业特色化、差异化、集聚化发展，在提升产业发展层次的同时促进产业在空间上的专业集群化，打造特色产业品牌，形成核心竞争力。进一步利用功能区内工业厂房、闲置楼宇等资源，加快创新创业空间载体建设，为入驻文化创意类创新创业团队和个人提供全方位辅导，孵化其壮大，增强产业发展活力。

（三）实施“互联网+”战略，建设智慧智能园区

对基础条件较好的功能区，大力推进智慧城市基础网络建设，加大以“云、网、端”为代表的信息基础设施投入，鼓励文化创意产品和内容的互联网，做好“互联网+”文化创意产业的硬件和软件设施支撑。通过互联网整合文化、艺术、科技、人才、资金等要素，搭建集创意交流、展示、交易、融资等多重功能于一体的文化创意产业综合服务平台，形成具有极大包容性的文化商业生态系统，建立文化创意企业与市场之间、文化创意企业与服务机构之间的畅通对接渠道，打造泛文化产业生态链。通过互联网方式，吸引用户参与前期创意过程，实现创作者与用户的接触，发挥协同创新效应，增加用户的消费满足感和文化认同感，在产品产出之前产生引领文化、传播文化的作用，从根本上优化文化产品的产业链。

（四）实施城市更新改造，释放老旧城区活力

充分利用老旧城区改造中的闲置厂房、商业建筑、礼堂等特色载体资源以及新建楼盘，围绕区域文化传承和特色建筑保护利用，引进尚 8 等专业化、品牌化运作的文化创意产业园区运营商，发挥其专业优势和品牌优势，加快文化创意产业的集聚发展。扩大老旧城区文物保护单位的开放程度，与功能区企业开展文物保护修缮、会馆保护利用、历史文化旅游、传统文化艺术表演等活动，增加老北京文化、民间艺术等非物质文化遗产的展示，促进传统文化的延续。

（五）建设文化旗舰设施，完善功能区软环境

建立功能区与周边区域资源共享机制，实现周边地区城市公共设施、商业设施、生活服务、社区服务等城市服务资源向功能区企业和员工开放，功能区企业为周边居民提供就业机会、开展社区服务、举办文化艺术展览，为当地手工艺人提供技艺展示平台等。做好重大文化设施配套，结合功能区的产业定位及企业资源优势，优先在周边区域以市场化运作方式引进文化旗舰项目，如演艺场所、歌剧院、文化广场、博物馆、艺术展馆、展演设施等项目。引进品牌文化创意企业，针对区域现有博物馆、展览馆等文化艺术资产，通过专业化经营进一步盘活和激发经济活力，有效提升文化公共设施的服务功能。引导文化创意产业园区全面提升商业、文化、旅游、居住、教育等综合服务功能，建立产、学、研、商、文、旅一体化的消费体验型功能区。

第四部分　发展谋划篇

功能区建设发展关系到北京市文化创意产业科学发展格局的形成和发展质量效益的提升。“十三五”时期，功能区将按照全市经济社会发展的重大战略部署，紧紧围绕文化创意产业供给侧结构性改革、全国文化中心建设、非首都功能疏解、京津冀协同发展等新形势和新要求，充分考虑文化创意产业自身发展规律，不断探索实践五大发展理念，深化实施五大发展战略，创新完善功能区建设路径，持续推动功能区更高质量、更高标准建设。

第二十章 深入实践五大发展理念

在功能区建设发展中，大力践行创新、协调、绿色、开放、共享五大发展理念，立足首都城市战略定位，自觉服务国内、国际两个大局，落实京津冀协同发展战略，有序疏解非首都功能，服从和服务于区域整体功能定位，把科技创新和文化创意作为推动经济转型发展的强大动力。

一、坚持创新发展，着力提高质量效益

创新是引领发展的第一动力。功能区的建设发展必须把创新摆在首要位置和核心位置，不断推动产业结构创新、组织体系创新、人才培育创新、创作环境创新，让创新贯穿文化创意产业发展的整个链条。

（一）构建创新融合的产业结构体系

进一步巩固壮大出版发行、影视制作、印刷、广告、演艺、娱乐、会展等传统文化创意产业，形成具有全国影响力的文化创意品牌，建设一批文化创意大型骨干企业。加快发展数字出版、网络电视、移动多媒体、动漫游戏等新兴文化创意产业，继续强化软件设计、工业设计、建筑设计、服装设计等创意设计，培育具有地区特色和国际水平的行业领跑者。支持文化创意企业开发原创性文化产品，提高文化产品的竞争力和市场占有率。加快促进文化与教育、体育、旅游等相关服务业的融合，培育形成首都新的经济增长点。深化落实“互联网 +”的发展思路，将以物联网、数字化、智能化为核心的现代信息技术与新兴、传统文化创意产业进行深度融合，加快发展数字影视、数字传媒等新兴业态，创新探索移动终端支付

等新兴商业模式，优化提升文化创意产业整体结构。

（二）确立创新合作的发展组织体系

支持功能区以培育大型企业集团、上市公司和文化创意产业创新联盟为重点，明确各类创新主体的功能定位，构建政产学研用一体的创新网络。依托北京作为首都的创新资源优势，支持功能区培育发展一批有国际竞争力的创新型领军文化创意企业。强化企业创新主体地位和主导作用，鼓励企业以项目为载体，以创意内容为核心，以产业化为目标，加强功能区的央地合作、校企合作、军民合作和内外合作，提升创新成果转化能力。以功能区为载体，促进高等院校、职业学校和科研院所全面参与文化领域创新体系建设，支持联合组建跨学科、综合交叉的文化创意创新团队以及关键核心技术的科研团队。实施国家技术创新工程，构建产业技术创新联盟，设立市场导向的新型研发机构，推动跨领域跨行业协同创新。加大文化创意金融服务，加强符合文化创意企业特点的金融产品和服务创新，更好地满足文化创意企业创新需求。

（三）构筑创新持续的人才培育机制

鼓励功能区强化人才战略，组织实施文化领军人才、创新型人才、复合型人才、外向型人才、科技型人才的培养提升计划，加大高端文化人才的引进、培养和使用。完善人才相关扶持政策措施，鼓励优秀文化创意人才来京创业。改革创新型人才培养模式，推动院校和地方、不同所有制单位间文化高端人才的交流与合作，引导推动人才培养链与产业链、创新链有机衔接。针对功能区“高、精、尖、缺”人才需求，实施重大人才工程，建立高端文化人才数据库，着力发现、培养、集聚一批有国际影响的文化名家、文化大师和文化创意产业领军人物。通过实行股权、期权、年薪制等多种方式，增强对文化创新人才的激励。探索建立有利于名家大师脱颖而出的机制，研究设立首都文化贡献奖等奖项，对做出突出贡献的文化人才和文化创新成果给予奖励。

（四）优化调整文化的创作创新环境

提升政府在文化创新上的推动力，为先进文化提供必要的硬件支持，从坚持、保护、规范和引导四个方面加强对文化创新的组织和管理，为文化创新提供可靠的思想指引和宽松的舆论氛围。鼓励文化创意团体和个人进行文艺作品原创活动，通过资金奖励、宣传推介、政府采购等措施，不断激发文艺精品创作热情，推进生产一批能够代表核心价值、市场反应较好的原创作品。举办文化创意精品评选活动，发动行业专业人士共同推选“年度文艺创作杰出团队和个人”，奖励其对文化发展做出的贡献，激发创作活力与热情。依托市属优秀文艺院团，向全市文艺创作机构和个人提供文艺作品试演、评比、推广等一条龙服务，让优秀作品、音乐创作等有展示、演出渠道，从而不断积累北京优秀文艺精品，发掘优秀创作人才。

二、坚持协调发展，着力调整优化结构

协调是持续健康发展的内在要求。必须牢牢把握文化创意产业的特征，正确处理发展中的重大关系，重点促进产业结构协调有序调整，促进创作、生产、消费等产业链条同步发展，促进区域之间差异化同步发展，促进园区之间协同协作发展，不断增强发展整体性。

（一）不断推进文化创意产业结构的优化调整

适应市场发展要求，通过重点培育骨干文化创意企业，优化升级文化艺术、广播影视、新闻出版三大传统行业，巩固提升发展实力。继续壮大广告会展、艺术品交易、设计服务等优势行业规模，进一步发挥对文化创意产业发展的支撑作用。促进文化与科技双向深度融合，发展“互联网＋文化”产业。着力推动文化创意产业优化升级，通过重点推动艺术品交易、旅游休闲娱乐、设计服务、动漫、游戏、数字娱乐、在线视听等文化创意产业新兴业态发展，促进文化创意产业优化结构、提高质量效益，提升北京地区文化创意产业整体实力。

（二）大力推进文化创意产业链的协同发展

产业化发展需要加强文化创意产业链上下游分工协作，延展夯实产业链条，构筑完整的产业链支撑体系，推进全产业链协同发展，推动形成规模效应和互动效应。立足北京丰富的资金、人才、政策资源，把握文化创意产业“内容为王”特质，跟踪文化创意产业新变化，加强文化创意行业薄弱环节的建设。不仅要大力发展覆盖文化创意产品生产、消费全过程的产业，还要鼓励发展为文化创意产业核心层提供支撑的相关配套产业，形成一个融创作、生产、服务、消费为一体的综合性、复合式的产业链条。推动艺术精品创作，形成抓原创、拍经典、推精品、重基础的阶梯形精品创作格局。推动文化创意产业与互联网、智能手机等新型传播渠道相融合，探索文化创意服务内容的网络化、数字化、智能化传播渠道，实现文化创意产品和服务由单一的现场消费向多元的媒体消费转变。

（三）促进跨区域的差异化协同发展

在周边区域和全市范围内，实施文化创意产业的跨区域协同发展。充分发挥京津冀地域相近、文脉相亲的地缘优势，着力推动京津冀协同发展、有序疏解非首都功能，促进三地文化资源优势互补、共同发展，充分发挥辐射带动作用，引领推动全国文化建设向更高层次迈进。统筹长城文化带、运河文化带、西山文化带建设，实现历史文化遗产连片、成线整体保护；推动公共文化服务共建共享，带动提升区域公共文化服务均等化、标准化水平。在全市范围内，依托各区资源禀赋和发展特色，重点支持东城区做强“文化东城”品牌，西城区加强“四个西城”和“文化金融”建设，朝阳区加快建设国家文化产业创新实验区，海淀区着力打造“文化科技融合”品牌和保护利用好“三山五园”地区历史文脉，丰台区发展戏曲文化，石景山区打造数字娱乐产业集群，房山区发展祖源文化，通州区挖掘开发运河文化，顺义区培育会展品牌，昌平区建设未来文化城，大兴区建设“中国设计瑰谷”，平谷区建设“中国乐谷”，怀柔区发展影视文化，延庆区发展冰雪文化，门头沟区、密云区借助良好生态环境及丰富的文物资源发展文化旅游休闲，北京经济技术开发区建设“文化智谷”和发展“文化 + 制造业融合”，推动全市文化建设形成百花齐放、交相辉映的发展局面。[①]

三、坚持绿色发展，着力打造生态产业

绿色是永续发展的必要条件，体现着人民对美好生活的追求与向往。在转变资源消耗型发展模式、建设美丽中国、实现中华民族永续发展过程中，文化创意产业承担着新的使命和责任。

（一）不断提高经济发展的文化品质

调整思路，深入发掘地方文化资源，把打文化牌作为推动全市经济发展的主要出路。依靠创意、版权、品牌，大幅度减少物质形态的消耗和排放，推动文化与经济深度融合，提升经济中的文化品质，提高文化创意产业在国民经济中的比重。把首都历史文化和现代文明有机结合起来，进一步提升北京文化品牌形象，推动经济社会发展。促进文化理念对传统产业的设计、生产、营销、品牌和经营管理等环节的渗透，改变传统产业的价值链，创造新的增值空间，提升文化创意产业产值。通过提升工业、服务业的文化含量与经济价值，促进全市经济结构升级，提升经济发展质量。抓好文化创意产业创新主体，加快培育网络、休闲娱乐等新兴业态。

（二）加大低端产业腾退转移力度

落实《北京市新增产业的禁止和限制目录（2015 年版）》要求，加快制定功能区产业分类疏解方案，探索与合作地区建立产业转移协调机制，搭建产业疏解合作平台，对传统制造业、文体用品、小商品、服装批发等不符合首都功能的低端业态，实施产业“负面清单 + 鼓励指导目录”同步

---

① 《北京市“十三五”时期加强全国文化中心建设规划》（京政发〔2016〕20 号）.

推进策略，采取约束与激励的双重调节机制，实现负面清单管理，对负面清单中涉及的产业严令禁止。对于因市场供需情况变化退出或转型的企业，园区要积极配合、主动服务，促使其退出或实现高端转型。设定鼓励指导目录，促进功能区主导产业高端发展。

（三）提高文化创意资源能源利用效率

根据北京市绿色建筑标准，积极推进功能区内既有商务楼宇节能改造和新建楼宇严格执行标准，综合运用自然生态设计、被动式节能技术等先进技术，试点推广光热、光电与建筑一体化技术，推动绿色建筑由单体向功能区集群扩展。配合全市相关部门重点强化新建建筑节能专项检查，保证建筑100%达到建筑节能设计标准。加强水资源保护及高效利用，全面实施一户一表工程，加强功能区内部公共建筑、服务业、机关等领域节水管理，开展节水单位创建。在有条件的功能区及片区实施雨污分流工程和再生水利用工程，广泛用于生态补水以及绿地灌溉。提升固体废物综合利用水平，在功能区内积极推广生活垃圾分类，推进垃圾规范收集、专业分拣、分类运输、厂家对接，鼓励新建垃圾资源化处理设施。

（四）促进文化创意产业可持续发展

转变文化自身发展方式，从追求发展规模和速度转向注重发展质量，实现更高质量、更有效率、更加公平、更可持续的发展。以文化创意产业为切入点，推动新型文化经济发展，满足人民群众日益增长的精神文化需求。以融合转变产业发展方式，促进文化创意产业之间协同发展。全面提升文化自身的造血功能，为公共文化服务体系提供产品。

四、坚持开放发展，着力实现合作共赢

开放是国家繁荣发展的必由之路。北京文化创意产业发展应立足北京国际交往中心定位，统筹利用国际国内两种资源、两个市场，深化对外文化交流合作，坚持政府主导、企业主体、市场运作、社会参与，创新对外

传播、文化交流、文化贸易方式，推动中华文化走出去。

（一）提升国际文化贸易合作水平

拓展国际化发展渠道，加快融入世界研发创新体系，探索在研发、创意、设计等高端环节实现企业国际化发展。吸引国内外大型文化创意企业、国际知名实验室在功能区设立文化研发机构，探索国际研发机构参与国家文化项目的新模式。[①] 大力支持功能区内入驻企业参与国际文化合作计划、国际标准制定和推广应用。建立健全文化贸易标准体系，大力提升知识产权创造、运用、保护和管理能力，鼓励文化创意企业申请专利、注册商标，支持文化创意企业和功能区联盟构建专利池，培育知名国际品牌，提升重点产业的核心竞争力。

（二）推动文化创意企业和产品走出去

研究对外文化贸易目标市场，把握好“走到哪里去”和“怎样走出去”的对象和路径问题，因地制宜建立跨境合资和合作的文化项目，通过并购、海外营销、代理推广、战略合作、共同研发等形式，开发国际文化资源和市场。依托国际友好城市、驻外机构、海外友人等资源，积极协助文化创意企业开拓海外市场，建立国际化的营销渠道。积极扶持文化产品和服务出口，支持文化产品出口基地和北京国际文化贸易服务中心建设，支持优秀剧目、文化艺术品海外巡演巡展，支持图书出版、影视作品、动漫网游等文化创意企业开拓国际市场，加快培育外向型文化创意企业和对外文化中介机构。完善文化作品译制、推介、咨询等配套产业扶持机制，进一步扩大对外文化贸易规模。

---

① 北京市人民政府文化部关于加快国家对外文化贸易基地（北京）建设发展的意见（京政发〔2014〕25号）；北京市人民政府办公厅关于加快发展对外文化贸易的实施意见（京政办发〔2016〕17号）.

（三）扩大文化交流传播与合作

积极组织参与国际重大文化交流活动，构建多元文化传播载体和文化营销网络，培育中国北京设计周等国际文化交流平台，着力打造具有北京风格、中国特色、世界水准的文化交流品牌。健全北京与友好城市的合作机制，重视对海外在京留学生、外籍务工人员、游客等的引导，推动文化交流向深度拓展。提高文化国际传播能力，组织对外翻译文化精品，建设海外传播网络，鼓励海外媒体、专家学者研究北京、传播北京，积极利用海外中国文化中心等平台推介北京文化。鼓励体现国家水准的学术团体、艺术机构在国际组织中发挥作用。在国家“一带一路”文化交流整体框架下，充分挖掘首都特色文化产品和服务，通过官方和民间协同互动的形式，综合运用文化艺术节、文化产品联合创作、人才交流、企业投资、项目合作等形式，创新与其他国家的文化交流和合作机制，充分发挥功能区在“一带一路”文化交流中的引领性和平台性作用。

（四）加强京津冀区域协同合作

遵循文化创意产业不同行业特点，鼓励出版发行功能区、文化艺术品交易功能区的设备制造、批发集散环节以及影视产业功能区部分外景基地等转移至津冀地区更具土地及其他要素比较优势的区域。加快推进文化市场一体化进程，破除限制资本、技术、产权、人才等要素自由流动和优化配置的体制机制障碍，进一步优化区域产业布局。在更为广阔的范围内，着力强化文化科技融合示范功能区、文化金融融合功能区以及传媒影视、出版发行、设计服务、文化交易等板块的功能区在环渤海地区乃至全国文化创意产业发展中的示范引领和辐射带动作用，积极推动与各地文化园区、基地的产业链联系，引领带动我国文化创意产业不断提升核心竞争力，积极参与国际竞争。推进京津冀一体化的文化消费市场建设，支持企业通过新设、收购、合作等方式进行跨地区、跨行业的资源整合。

五、坚持共享发展，着力增强人民福祉

共享是中国特色社会主义的本质要求。文化创意产业必须坚持发展为了人民、发展依靠人民、发展成果由人民共享的发展原则，以满足人民需求和提高人民素养为中心，不断提高文化供给，为群众提供更多更好的精神食粮，让市民共享文化发展成果，促进人的全面发展。

（一）推进公共文化服务均等化

从大力改进公共文化服务入手，以全体常住人口为服务对象，以满足不同群体多样化、高品质的生活需求为目标，切实加强对城市基本公共文化服务体系的规划、建设和管理，为公共文明建设打好基础、提供保障。增加公共文化产品和服务的供给，提高基本公共文化服务的均等化、公平性与可及性，切实维护广大人民群众的基本文化权益。积极争取更多国家公共文化服务设施落地北京，新改扩建一批市级文化设施，形成首都文化新地标，进一步完善首都高端文化服务体系。

（二）着力提升公共文化服务能力

进一步优化布局图书馆、博物馆、科技馆等公共文化服务资源，改造提升原有设施的舒适化程度，提升传统文化设施的公众服务能力。在城镇社区和农村地区，重点加强集报刊阅览、信息查询、休闲娱乐、书法绘画等为一体的综合型文化活动室（站）建设，满足社区老年人和农村居民的文化消费需求。保障本地弱势群体及来京务工人员基本文化消费需求，鼓励文化企事业单位赠送基本文化产品设备，加强技能培训、报刊阅读等基本文化消费服务。支持民营文化创意企业、非政府组织（NGO）供给公共文化产品服务，提高公共文化服务多元化供给水平。对部分运营效果较差和处于闲置状态的公共文化设施，在明确以社会效益为主、优先以较低价格向市民开放的前提下，鼓励社会服务机构参与其运营管理，提高公共文化设施的使用效率和服务水平。

（三）培育市场化社会中介服务组织

加快首都文化领域社会中介组织的发展，为文化创新能力的提高形成有效支撑。一是政府要发挥好政策制定、产业引导以及市场监管的职能，搭建好金融、信息、人才等文化要素市场平台，为文化评估鉴定、拍卖交易等市场中介组织的发育和发展创造条件。充分发挥社会中介组织在公益性文化事业中的桥梁作用，通过委托、购买公共文化服务等方式，增加公共文化服务的透明性。通过慈善协会、基金会、志愿者协会等社会组织吸引社会资本参与公益性文化事业，引导社会力量以兴办实体、赞助活动、免费提供设施等多种形式丰富公共文化服务内容，为人民群众提供丰富、优质的准公共文化产品。要在文化市场体系不断完善、行业发展相对成熟的基础上，通过政府引导、行业自发的途径建立文化领域的行业协会，充分发挥行业自律管理职能，加快提升首都文化行业协会的服务能力。

（四）建立公共文化服务监督管理评估机制

聘请第三方机构开展公共文化设施年度考核。通过建立统一科学的公共服务评价体系，以活动场次、观众人次、服务功能、服务效率等为核心指标，针对一些重要的图书馆、文化馆、美术馆，聘请专业的第三方机构开展年度公共文化服务功能考核，找出服务差距，修正公共服务供给方向，提高公共服务供给质量，使公共服务符合社会发展需要，真正惠及全体人民。

第二十一章 重点实施五大发展战略

按照北京市建设全国文化中心的总体部署，根据中共中央和北京市关于深化文化体制改革的总体要求，在五大发展理念的总体指引下，以强化推动功能区各类文化创意企业落实全市文化发展战略为着力点，以进一步激发功能区文化创意企业的创新发展活力和持续竞争力为核心，进一步推动功能区运营管理主体和文化创意企业实施品牌塑造、创新驱动、市场化运营、文化走出去和文化体制改革五大战略，切实提升功能区在全市乃至全国的影响力。

一、实施品牌塑造战略

鼓励功能区结合各类特色文化资源，以参与公共文化事业和创作文化精品为切入点，强化特色文化品牌塑造。推动文化艺术和文化演艺为特色的功能区开展专业化舞台艺术作品创作，鼓励功能区文化创意企业进一步增强文化创作的价值引领，以弘扬主旋律，传播正能量为方向，着重提高作品质量和水平，增强剧目的吸引力、感染力、传播力和影响力，提升首都文化艺术影响力。统筹整合功能区内的场馆设施、院团、演艺人才、中介组织等各类资源，精心组织举办各类高水平的文艺展演活动，围绕北京历史文化、时尚创新等主题，汇聚优秀剧（节）目，形成设施完备、活动丰富、内容一流的国家演艺品牌。鼓励功能区内相关企业引入市场化、专业化的团队，进一步丰富现有品牌展演活动内容，提升各类品牌主题活动在文艺创作领域、文化消费领域和文化传播领域的号召力和影响力。立足民族和传统文化的资源和市场涵养，结合功能区的文化艺术资源，筹办高水平的中国特色文化展演活动，强化对外文化交流和文化走出去，在国外新兴消费市场开辟高端化的中国文化创新路径。

二、实施创新驱动战略

以提升功能区文化创意产业创新竞争力为核心，推动文化创意企业发展实现从要素驱动向创新驱动转变，加强自主创新对文化创意产业的贡献。在功能区文化创意企业战略规划和布局中，引导企业进一步突出人才、技术、知识、资本、管理等创新要素资源的组合投入，加大文化科技研发投入，加强创新人才队伍建设，运用先进科技成果和管理理念，全面推进技术创新、商业模式创新和管理创新。注重推动功能区文化创意企业的个性化发展，积极挖掘企业创建先进文化的好做法、好典型，培育文化品牌。引导功能区内文化创意企业以全球视野谋划和推动创新，促进创新资源高效配置和综合集成，积极参与“国家科技支撑计划项目”中的“文化科技创新工程”，增强文化整体实力和竞争力。

三、实施市场化发展战略

以功能区内国有文化创意企业和事业单位为重点，着力强化市场化发展战略与社会化管理模式的应用，推动国有文化创意企业和事业单位发展从依靠行政力量到更多参与市场竞争转变。进一步增强功能区内国有文化创意企业的市场主体意识，完善综合运用股权投资、上市、债转股、资产证券化等投融资手段，增强企业自身的资本实力和市场竞争力。推动功能区内已转制院团率先建立面向市场的现代企业制度，研究探索符合文化艺术特点和规律的现代文化创意企业管理制度模式，鼓励院团通过名家工作室、项目制作、商业开发等方式进行机制创新。在功能区内，推动改制文艺院团试行职业经理人机制，探索将编剧、导演等主创人员的报酬与演出场次、演出收入挂钩，建立激励约束机制，激发个人主动性和创作活力，提高作品的艺术品质和市场认可度。鼓励功能区内文艺院团等国有文化创意企业发挥已有资源平台作用，在艺术创作、生产、营销等多个环节搭建产业链条，以资本、设备、人员等方式参与投资，优化资源配置，降低运营成本，全面提升国有文化创意企业的市场竞争优势。

四、实施文化走出去战略

以功能区为载体，着力推动功能区文化创意企业走出去，组织功能区企业联合加强对外埠市场的战略拓展，加强对外交流合作，提升国际化发展水平。发挥北京作为国际交往中心的资源优势，组织功能区企业积极参与和搭建各种国际文化传播平台，如利用北京文博会、北京国际设计周、北京国际电影节等国际展会，探索文化传播与交流的新形式，努力开拓国际市场。组织功能区加强国际文化消费市场的研究，加强与欧美文化创意产业强国的企业合作，发展适销“一带一路”沿线国家的文化产品和服务。进一步整合功能区文化走出去的渠道资源，大力培育文化创意国际贸易协会和中介服务机构，加快建立文化创意产业“走出去”综合信息服务平台。

五、实施文化体制改革战略

在功能区运营管理中，深化探索文化体制机制改革，加快由政府主导模式向市场配置模式转变，进一步明确政府政策调节、市场监管、社会管理和公共服务的作用边界，加快实现由“管企业”向“管行业”转变，重点提高政府部门对文化创意产业的宏观管理和服务能力。在功能区运营管理中，坚持政府作为产业扶持者的服务理念，强化政府引导、功能区搭台和企业唱戏。重点搭建综合服务平台，满足企业在不同发展阶段对空间载体、知识产权、专业服务、融资服务等不同需求，加强对企业自主创新重点项目的支持，强化对于企业自主搭建走出去渠道的支持和推广，强化对于企业和机构开展的提升功能区品牌效应活动的支持，优化功能区企业集聚、共享和合作发展环境。

第二十二章 持续创新功能区建设路径

围绕功能区全面提升园区发展质量和效益、从园区经济向区域经济转变的全新需求，以强化文化创意主导产业的供应链、服务链和价值链体系为宗旨，重点围绕功能区建设运营管理、空间改造利用、主导产业提升、加强专业化服务、促进融合发展和强化跨区协作等紧迫工作，坚持政府引导和市场主导，重点做好政策的集成示范和创新突破，进一步推动创新实践，形成推动功能区升级发展的行之有效的政策促进机制，率先推动园区从依靠产业要素集聚到促进要素融合渗透、辐射联动的高级阶段演进发展。

一、强化功能区政策引领，推动示范园区建设

鉴于20个功能区的园区规模、主导产业、发展阶段、管理方式等均存在较大的差异，各功能区发展过程中均存在一些共性和个性难题需要破解，同步推进20个功能区的难度较大。“十三五”时期，需要以创建功能区示范园区（以下简称“示范园区”）为抓手，强化创新政策的先行引领作用，破解制约功能区建设发展的问题，形成可在功能区推广的经验和做法，全面推动功能区建设发展。

（一）实施四大先行政策试点

围绕功能区升级发展急需破解的土地利用、文化金融、版权保护运用和政策集成服务四大难题，以政策先行落地和促进政策集中应用为核心，全面对接国家、市、区相关政策，探索创新功能区层面的政策内容和落实

机制，帮助文化创意企业破解发展难题。

1. 土地利用政策试点

落实国家和北京市关于推动文化创意产业用地的相关政策，出台符合文化创意产业特点的土地利用政策，重点推动完善城市建设用地标准、旧区改造、工业转型、集体建设用地试点等。对纳入示范创建的园区，允许园区内相关单位在坚持土地性质、产权关系、建筑结构不变的原则下，对符合规划和产业定位的现有构造物进行升级改造，建设特色文化创意产业基地。推进园区内土地空间资源有序置换，支持符合功能区产业定位的项目单位通过兼并、收购、合并、转让等方式取得存量厂房、楼宇和土地，以支持示范园区发展文化创意主导产业。对以划拨方式取得土地并利用存量房产、原有土地发展文化创意产业的单位，符合城乡规划和划拨用地目录的，可按规定采取划拨土地办理用地手续；不符合划拨用地目录的，可采取协议出让方式办理用地手续。支持农村集体经济统筹组织利用集体建设用地资源，通过自主开发、入股合作等方式，参与功能区建设项目。

2. 文化金融创新试点

支持银行在园区设立特色支行、专营机构，支持园区率先探索构建针对文化创意产业各细分行业的著作权、版权等无形资产评估标准和评估体系，与银行、担保机构等加强合作，开展版权质押贷款试点。围绕园区主导产业开展行业信用体系试点建设，支持金融机构建立文化创意企业融资信用评级制度，推广文化创意企业信用贷款。支持功能区设立文化型中小企业贷款风险补偿资金，鼓励融资租赁公司、融资型担保公司为中小文化创意企业提供版权担保、制作权担保、完片担保等特定类型无形资产担保服务，扩大担保和再担保规模。鼓励保险公司开发公共文化场所公众责任险、创意提前支付险、创意产品险等险种，扩大文化创意产业投资保险覆盖范围。在条件成熟的功能区内发行中小企业集合债，完善市有关部门联动的上市协调机制，支持园区文化创意企业在境内外资本市场上市融资。创新实施文化创意产业知识产权的资产证券化模式。

3. 版权保护运用示范

支持示范园区围绕主导产业，建设版权经济生态圈，支持龙头企业纵向整合版权资产产业链，建立从创意、制作、改编到衍生产品的版权经营链条。支持文化创意企业加强版权申请和利用，力争拥有和运用版权的数量在同行业中位居领先地位。支持功能区组建版权经营联盟，建立完善的版权服务体系，为企业提供与版权相关的交流、交易、融资、合作、咨询、培训等服务。积极完善版权保护第三方服务体系，积极引进无形资产评估公司、版权代理公司，搭建知识产权法律服务平台。建立可推广的版权保护宣传和教育机制，引导园区企业建立版权经营部门，设立知识产权岗位，配备负责版权工作的专职（兼职）人员，争创全国版权示范园区。

4. 政策集成服务示范

统筹国家和市区各级政策资源，结合主导产业属性、区域功能定位的特殊性，探索构建“全市普惠政策＋统一产业政策＋特殊区域政策”的示范园区政策体系。系统梳理示范园区文化创意主导产业发展的行政审批和服务事项，梳理示范园区可享受的文化创意产业各类优惠政策内容和相关渠道，制定示范园区文化创意主导产业企业发展服务指南。以示范园区为载体，建设集政策发布、咨询、落地与需求反馈为一体的一站式服务平台，支持在示范园区开展市级部门重大项目直接受理与直通车服务，促进政策服务下沉，打通政策落地“最后一公里”。围绕示范园区主导产业，探索“一业一策”的产业政策。支持示范园区开展文化创意行业负面清单管理、不同类型文化创意企业认定扶持等工作。对中央已经明确但市区层面存在断层的政策，优先以示范园区为对象，制定配套操作落实细则，先行先试。

（二）开展四类园区示范试点

处于不同发展阶段的功能区，需要重点探索突破的建设发展难题也不同。因此结合功能区示范园区建设，重点推动不同发展阶段的园区开展不同的建设内容示范。

1. 规划建设阶段的功能区

一是开展产城融合规划编制。结合园区主导产业业态和进驻企业发展特色，编制园区产业发展规划，鼓励示范园区在辖区内开展功能区空间规划与城乡总体规划、土地利用规划、主体功能区规划、“十三五”国民经济和社会发展规划的“多规合一”探索，从规划源头实现文化创意产业生产空间、居民生活空间和绿化生态空间的合理有序分布，实现产业发展目标、土地利用指标、空间坐标和资源环境指标的充分衔接。强化规划引领作用，增强文化内涵、环境保护和绿色建筑设计引导。严格落实不同区的主体功能定位要求，对处于首都功能核心区、城市发展新区和生态涵养区的功能区或示范园区，制定差异化的规划管控措施。严格划定开发边界和设定开发强度，严格保护功能区内的生态资源，科学合理布局生产、生活、生态空间，提高土地利用效率。探索地方政府与园区开发企业合作机制创新，充分释放园区大规模土地资源价值，在产业引导培育、城市功能配套方面实现政企统筹规划、双方力量合一的发展局面。

二是加强开发建设与设施配套。支持示范园区结合主导产业业态和进驻企业特色，不断完善园区基础设施、公共服务、固定场所等综合配套设施建设。充分考虑示范园区系统规模及未来发展需求，按照模块化、层次化方法进行规划，以高标准的网络基础设施和综合化的信息服务平台为核心，综合运用现代科学技术，整合信息资源，统筹业务应用系统，探索将园区信息化管理与基础设施建设、土地开发、产业发展、城市规划紧密结合的新路径，搭建园区信息化运营平台，为园区管理部门、入驻企业和公众提供公共服务、管理协作、园区智能技术服务等应用，提高园区信息化发展水平。实施园区生态化建设策略，将绿色低碳发展意识贯穿于园区规划、开发、建设、运营的全过程，尽可能保留利用园区现有文化资源，超前规划一批高水平、高标准的污水集中处理、垃圾集中处理、集中供热等绿色低碳基础设施，率先实施更高要求的绿色招商模式，塑造一批行业绿色发展典范企业。以促进职住平衡、居住与公共服务均衡为导向，加强示范园区与周边区域合作，实施文化创意人才安居工程，科学合理配置教育、医疗、交通等公共服务设施，营造集创意工作、宜居生活、休闲消费于一体的发展环境。

三是创新开发投融资模式。以文化创意产业投资基金为牵引，以融资渠道创新为途径，加强金融机构的融资支持，积极引导社会资本参与开发建设与设施配套。以文化创意产业重大项目基础设施专项资金为引导，积极与担保、保险等增信第三方合作，借助集合票据、中小企业私募债等多渠道融资手段，创新尝试集群批量融资模式。建立示范园区基础设施项目资金池，整合协调各类资金为示范园区基础设施项目提供配套资金，拓宽项目融资渠道。鼓励社会资本参与示范园区基础文化设施、老旧建筑改造等重大项目建设。完善文化创意产业重大项目投资激励机制，积极采用公共私营合作制（PPP）、股权合作等方式建设重大项目，并建立完善投资、补贴与价格的协同机制，为投资者获得合理回报创造条件。探索文化创意产业服务平台等非经营性领域的政府回购或购买服务模式，通过依法依规配置符合监管要求的广告、商铺、冠名等经营权，增加一部分企业的其他经营收入。

四是创新招商运营机制。创建文化创意产业特色园区，增强示范园区文化创意产业招商引资的吸引力和创新创业的内在动力。依法放开建设和经营市场，积极推行投资运营主体招商，在立项审批、投资核准、项目招投标、政府采购、评比表彰、申请专项资金、享受税收优惠、申报国家级文化产业示范园区和国家文化产业示范基地等方面，对所有功能区一视同仁。鼓励示范园区组建专业化运营机构，为政府搭建市场化的产业平台，为入驻企业打造舒适高效的运营环境，协助地区产业集聚升级，提升区域综合价值。引进国内外知名的园区运营商与政府相关部门共同组建运营机构。严把示范园区招商方向，紧扣文化创意主导产业发展趋势，引入一批优质企业。鼓励示范园区在招商过程中，践行“帮助企业蓄势、萌芽、发展、壮大”的发展理念，为文化创意企业提供全程服务。

2. 初级成长阶段的功能区

一是加快推动主导产业规模化、前沿化发展。实施文化创意企业梯度培育计划，重点培育一批收入规模在百万、千万、亿元级的创新型企业，打造企业快速发展助推器。利用大数据、三维仿真等前沿技术，强化音乐、图书、出版、艺术等传统文化创意产业的高端化、数字化升级，推动形成线上线下融合的一体化交易流通和推广应用平台。在示范园区引进北京文化创新工场等成熟的文化创意产业孵化机构，以及文化科技融资担保、天使投资、创业投资等创新创业金融服务机构，建立“创业投资 + 导师指导 + 专业服务 + 孵化培育”的一体化平台，为新兴产业培育提供专业空间。着眼于产业链创新，鼓励文化创意龙头企业开展内生孵化或外生孵化，向平台化、集群化过渡，探索建立更加成熟、专业的运营盈利模式。

二是建立引进一批专业化服务平台。对接政府、企业、科研院所和高校等各类资源，加大文化创意企业发展急需的公共技术服务平台引进力度，建设服务于主导产业的特色剧目创作、数字化舞美设计、动画渲染、版权评估与交易、检测鉴定、后台制作等专业化服务平台。鼓励示范园区与全市文化创意投融资、人才培养和知识产权交易等机构合作，建立面向主导产业的专业化服务合作机制。鼓励高校、科研单位与示范园区合作开放重点实验室等，建立联合研发、委托研发和技术服务等合作机制，完善技术转移利益分配机制。着眼平台建设、运营和服务等不同环节，加大对专业化服务平台的支持力度，创新利用政府购买服务，提升公共服务平台对文化创意企业服务的覆盖率。

三是创新产城融合途径示范。结合示范园区服务主体的生活需求，加强书店、剧场、音乐厅等公共文化服务基础设施建设，保障示范园区和其他地区同步配备公共文化基础设施，营造园区文化生态。结合示范园区所在区域特点，推动园区核心文化创意元素应用于周边城市建筑设计和景观设计，因地制宜打造创意街区、创意社区、创意园区，提升区域文化品位。大力促进音乐、演艺等文化娱乐业态园区与周边商业、旅游、地产及教育培训等产业的融合协同发展，推动区域特色化发展。引导影视产业、音乐产业、北京老字号品牌文化推广等功能区与周边区域加强旅游合作，通过挖掘特色文化、创作特色户外旅游演出剧目的方式，实施一批文化旅游深度融合项目，提升周边景区的旅游价值。

3. 转型再造阶段的功能区

一是盘活利用老旧厂房和闲置土地。以“整体筹划、分步实施、全面修缮、适度疏散”为原则，以空间集约利用为导向，鼓励传统历史文化区域的创意转型和商务办公区域的文化转型发展，加强工业遗产的保护和利用，提升城市景观风貌品质和文化内涵。在符合政策法规和城乡规划条件的基础上，研究制定针对性政策，探索出让、租赁、入股等方式，盘活农村闲置集体经营性建设用地发展文化创意产业。鼓励业主、运营商自我转型，积极引入第三方投资商，在保持建筑基础结构不变前提下，分类推动园区内老旧工业厂房、仓储用房、特色工业遗址、既有商业设施等的功能改造升级。结合示范园区实际情况，研究制定针对性的鼓励政策，支持符合主导产业发展定位的项目单位通过兼并、收购、合并、转让等方式，取得存量厂房、楼宇和土地。设置项目建设用地开发强度、土地投资强度等用地效率准入门槛，提高示范园区整体建设用地效率。开展示范园区建设用地效率摸查评估，制定示范园区艺术品创作交易、演艺展示等文化创意企业土地利用效率评价标准，建立低效用地资源库。推进低效产业用地企业淘汰退出，强化项目用地后评估监管。统筹地上地下空间，推进建设用地的多功能立体开发和复合利用，提高空间利用效率。

二是着力推动产业转型升级和融合发展。以疏解非首都功能为契机，借助文化创意和设计服务与相关产业融合，促进示范园区优化升级产业结构、延伸和拓展产业链，实现“瘦身健体”。鼓励示范园区加快发展科技金融、原创设计、展览展示等特色主导产业，积极发展高端生活服务业、高端商务服务业等配套产业。鼓励创意设计、传媒影视、新闻出版、文化艺术等与科技结合紧密的示范园区，积极引进影视动漫、数字传媒、5D 艺术展示等文化科技融合发展新业态、新模式、新产品、新服务等。依托示范园区丰富的文化资源，把握旅游大众化、个性化、体验式消费的趋势，提升园区附加值、带动区域文化消费。支持批发市场向设计服务、现代交易展示中心转型，培育以交互展示、虚拟现实应用等为代表的信息设计服务产业，以及消费电子设计、品牌设计、动漫设计等设计服务新业态，提高数字技术、互联网等高新技术对创意设计行业的支撑能力。在设计服务业态周边积极发展交易展示中心，构建“场馆 + 活动 + 平台”的业务发展体系。培育以专业化会展品牌活动、艺术品展示交易为支撑，以线上展示交易平台建设为补充的全产业链经营发展，逐步拉动周边综合服务产业的协同发展。支持龙头型、平台型、骨干型文化创意企业，开放自有建筑空间，围绕产业链强化资本运作和产业培育，引进相关中小型配套产业项目、中介服务企业和研发设计等高端要素，形成上下游生态化集聚发展格局。

4. 成熟辐射阶段的功能区

一是提升专业孵化器的新兴产业培育能力。进一步提升现有孵化器的专业服务和品牌化水平，采用“孵化器 + 公共技术平台 + 创业投融资 + 创业辅导 + 产品营销”的立体孵化模式，作为示范园区招商和营利的手段，增强文化创意企业发展黏性。加强与市场化国际孵化器的资源共享和运营合作，面向全球创业者吸引领先的创新创业技术和创新商业模式项目，共享创业项目池、导师资源、媒体资源和商业资源等，推动本地创业项目的国际化发展。实施孵化器的专业化运营管理，采取先进的管理手段，引入专业的管理团队，成立专业的孵化基地管理公司，采用购买服务的形式管理运营孵化基地。推动示范园区内较为成熟的文化创意孵化器在其他功能区建立子孵化器。以引进培育更为前端的种子资源为中心，建设一批文化创业咖啡、创客空间、创新公社等新型众创空间，在空间载体、平台资源、团队组织、免费培训、氛围营造方面提供低成本、一体化服务，以众筹方式建设灵感碰撞分享社区、举办创意集市等。

二是提升专业化服务平台的辐射带动力。以文化创意产业发展面临的关键技术亟待突破、核心资源获取成本高、知识产权保护弱等问题为导向，完善建立原创设计培育和版权保护、关键技术开发和设备共享、制作资源共用、版权保护交易、检验检测认证、市场营销推广、衍生创作推广等专业化服务平台，形成服务于全产业链的公益性、专业化服务体系。以龙头企业、专业研究机构为主体，以自身平台实验室、资源库、营销渠道等为载体，向文化创意企业和个人提供开放共享的增值服务，带动产业链上下游中小企业、创业团队开展技术联合研发和资源共建，进一步强化平台的资源凝聚力和产业引领力。兼顾市场化和公益性要求，创新探索专业化服务平台的可持续盈利模式，引导公共技术服务平台向全市乃至全国同类文化创意企业开放，增强示范园区对优质文化创意企业的吸引力。

三是创新建立全产业链的文化金融服务体系。以文化创意产业投资基金为牵引，积极引进文化创意银行、小额贷款银行、VC/PE 投资机构等社会资本参与投资示范园区，通过园区自有基金与外部金融机构联合投资的模式，建立示范园区的文化金融港，实现文化创意产业链项目的投资一体化服务。在创意设计、艺术创作等创新创业特点鲜明的示范园区，以互联网平台为核心，创新引进或培育众筹融资、股权投资等新兴文化金融模式，为园区内企业搭建创意项目展示推介服务平台。积极发展文化产权交易平台，开展特色文化资源的平台型投融资。建立针对文化创意主导产业类型的信用评估、担保抵押等融资服务体系，完善无形资产价值评估方法，创新信用补偿池兜底和团队、法人信用评价等融资信用评价模式，创新探索版权担保、制作权担保、完片担保等特定产业无形资产担保机制，创新探索知识产权质押试点等新模式，扩大企业担保抵押物范围，创新版权、著作权等资产证券化模式，帮助文化创意企业顺利获得资金支持。

二、挖掘功能区发展内涵，塑造园区品牌形象

（一）引导各园区创新发展特色文化精品

深入挖掘提升产品的文化原创力，将中华民族先进的文化个性、文化特色融入产品的品牌塑造过程中，提高商品内隐的文化价值。挖掘老字号等文化资源，吸收现代制造业理念、自动化生产理念和工业设计的理念，

将信息技术、环境技术、材料技术、安全技术与现代美术、现代音乐相结合，推动发展老字号文化的新兴产品业态，使老字号的区域品牌变成国家品牌和世界品牌。在以文化科技融合为特色的功能区内，支持文化新业态企业集团化发展，提高企业集约化程度和规模化经营能力，引导企业组建发展战略联盟，实现创意创新资源的综合开发、互通互享，鼓励企业构建文化创意研发中心，推动文化元素植入科技产品，加强与文化新业态密切相关的关键共性技术攻关，形成文化与高新技术相融合的新型业态和产品。以推动跨功能区、跨片区产业协作为核心，制定功能区文化创意产业跨区域协同发展规划，鼓励企业整合创意、研发、生产及营销等上下游环节，进一步延伸文化新业态产业链，发展以实现产业关联、产业协同为目标的新型业态和产品。

（二）引导各园区深化文化创意产业国际合作

组织功能区内文化创意骨干企业参与国际市场交流活动，引导企业参与国际市场竞争。探索组建功能区文化创意产业国际交流贸易产业协会，借助国际化平台和服务网络，与各国文化创意产业园区加强交流，引进国际经验，为入驻企业拓展国际市场合作等提供便利。鼓励具备条件的功能区定期举办各种形式的国际文化创意产业技术研讨会、商务洽谈会、品牌推广会和国际知名创意奖项、创意比赛活动。组织园区内文化创意企业积极参加文博会、创博会、设计大会、国际服饰文化旅游节等大型展会活动，积极申报中国设计红星奖、德国 IF 设计奖等国际国内知名奖项，参与国际重大文化交流活动。支持文化创意企业兼并、收购国外文化公司，在人才培训、业务拓展、技术创新以及企业经营管理方面开展合作与融合。

（三）创新园区品牌形象传播手段和渠道

在功能区内实施统一的文化形象标识工程，构建文化休闲空间、公益广告、路牌标识等系列文化形象标识，大力营造文化创意产业宣传氛围，提升功能区的文化创意视觉形象。结合功能区所在区域特点，推动文化创意元素应用于周边城市建筑设计和景观设计，因地制宜打造创意街区、创意社区、创意园区，提升区域文化品位。开拓互动传播平台，借助微博、微信、视频网站等新媒体平台，培养维系消费者与功能区品牌的长期关系。鼓励具有品牌效应的功能区及片区开发建设和运营管理单位，以合作、合资共建等方式，探索采用“总部—生产基地”、“主副（新旧）园区”等模式，参与周边区域文化创意产业园区开发建设，提供成熟的开发运营、资金融通、产业招商和产业服务，提升功能区文化创意品牌辐射带动力。

三、健全功能区管理体系，提升管理服务水平

（一）健全功能区和片区运营管理体系

立足实际、因地制宜，分类完善功能区建设运营管理体系，积极创新功能区管理运营模式，推动各类经营主体从园区运营者向区域产业撬动者、服务集成商和平台运营商转变。对于尚未明确运营管理机构的片区，采取设立派出机构、支持龙头企业打造服务平台或引入园区开发运营主体模式。对于土地权属归属于大学、国有企业的，支持产权方探索自身提供产业运营服务内容，或者引进专业机构开展运营管理的模式。建立功能区层面的产业发展联盟，作为连接市区主管部门与各片区之间的桥梁，对所管辖的文化片区提供统一的指导和服务，重点探索推动功能区内文化创意行业之间的联合化、链条化、系统化发展模式，探索促进本功能区与周边区域之间的多元化合作模式。针对跨区域联盟运行过程中存在的协调管理问题，由市文资办联合区文化创意主管部门给予统筹协调指导。

（二）提高功能区管理服务水平

坚持政府主导建设和市场自主建设相结合，通过分工合作，围绕主导产业的全产业链服务需求，打造“孵化载体、共性技术、融资服务、人才培养、行业信息、市场渠道、版权保护、政策宣传”八位一体的园区公共

服务架构。建立专业化的园区运营服务团队，结合园区品牌定位和服务企业类型，提供科研、办公、商务、交流、生活等一体化的产业服务环境，组织专业化机构提供前期咨询、招商、运营管理服务。将提升运营管理服务水平、帮助企业创造价值作为吸引企业入驻的重要抓手，积极引进研发中心、展示中心、商务中心、物流中心、培训中心等，提升园区一站式服务水平。鼓励品牌化的园区经营公司整合园区资源，建立园区 O2O 一站式企业服务平台，创新园区服务途径，建立园区虚拟服务信息平台，提供政策引导、企业宣传、物流空间、技术平台、市场网络、人力资源、法律工商、物业管理、信息发布、设备资源共享等一揽子服务。建立功能区行业协会、创意沙龙、微信交流平台、虚拟互动社区等文化创意企业交流平台，开展融资洽谈会等交流活动，提供信息交流、资源对接等服务。

（三）推进功能区产业与城市建设融合发展

推动功能区加快构建高精尖产业结构，以文化、科技与其他文化创意产业的融合为重点，导入关联产业业态，发展新兴文化业态，积极发展配套产业，推动功能区文化创意企业转型升级。以产业升级驱动城市更新和完善服务配套，大力推动园区与街区、社区融合，将创意产业与商业、旅游业、文化、居民生活等有机结合，加强园区与周边区域在基础设施、配套公共服务、开放活动空间等方面的有机衔接，实现产业功能、生活功能、城市功能与生态功能的融合渗透。在建筑、公共设施、商业街区的建设改造中注入更多的文化元素，统筹提供产业与生活服务功能，营造创意式生活氛围。支持功能区向社会合理开放园区文化设施，或利用各类公共文化设施，开展文化惠民活动。

（四）完善功能区数据统计监测和运用制度

在前期研究明确功能区文化创意产业统计指标构成、统计机制和统计方法路径的基础上，进一步健全功能区数据日常统计工作体系。加强对功能区主要经济指标的统计监测，争取形成半年报和年报制度，深化数据分析研究，明确功能区经济数据的统计分析和发布机制。探索推动将功能区统计工作延伸到各区统计部门，研究制定统计部门、工商部门、税务部门之间的功能区文化创意企业数据共享机制。逐步引导和支持功能区加强对区内文化创意企业的统计监测，推动功能区建立基于统计数据、市场数据等的大数据平台建设，掌握文化创意产业发展动态，更好地服务于文化创意产业发展。